Olha-me e narra-me

BAZAR DO TEMPO

Título original: *Tu che mi guardi, tu che mi racconti: filosofia della narrazione*

Este livro foi revisado segundo o Acordo Ortográfico da Língua Portuguesa de 1990, em vigor no Brasil desde 2009.

EDIÇÃO Ana Cecilia Impellizieri Martins
COORDENAÇÃO EDITORIAL Joice Nunes
ASSISTENTE EDITORIAL Bruna Ponte
TRADUÇÃO Milena Vargas
REVISÃO DA TRADUÇÃO Bruna Paroni
COPIDESQUE Sávio Alencar
REVISÃO Marina Montrezol
PROJETO GRÁFICO Bloco Gráfico
ASSISTENTE DE DESIGN Lívia Takemura
ACOMPANHAMENTO GRÁFICO Marina Ambrasas

IMAGEM DE CAPA Museu de Arte da Filadélfia. *Portrait of a Right Eye* [Retrato de um olho direito], c. 1800, artista desconhecido.

CIP-BRASIL. CATALOGAÇÃO NA PUBLICAÇÃO
SINDICATO NACIONAL DOS EDITORES DE LIVROS, RJ

C3710 Cavarero, Adriana, 1947–
Olha-me e narra-me: filosofia da narração / Adriana Cavarero
Tradução: Milena Vargas
Rio de Janeiro: Bazar do Tempo, 2025
Tradução de: *Tu che mi guardi, tu che mi racconti*

ISBN 978-65-85984-40-9

1. Filosofia. 2. Teoria feminista. 3. Narrativa (Retórica) – Aspectos sociais. 4. Mulheres – Identidade. I. Vargas, Milena. II. Título.

25-95851 CDD: 305.42 CDU: 141.72

Meri Gleice Rodrigues de Souza, Bibliotecária, CRB-7/6439

BAZAR DO TEMPO
PRODUÇÕES E EMPREENDIMENTOS CULTURAIS LTDA.

Rua General Dionísio, 53, Humaitá
22271-050 – Rio de Janeiro – RJ
contato@bazardotempo.com.br
www.bazardotempo.com.br

Adriana Cavarero

Olha-me e narra-me

Filosofia da narração

Tradução Milena Vargas

Uma cegonha como introdução

Karen Blixen conta uma história que lhe foi narrada quando era criança. Um homem, que vivia nos arredores de uma lagoa, certa noite foi acordado por um barulho muito alto. Então, saiu no breu e se dirigiu à lagoa; mas, na escuridão, correndo de um lado a outro, para cima e para baixo, guiado somente pelo barulho, caiu e tropeçou muitas vezes. Até que encontrou um vazamento à margem, de onde escapavam água e peixes: logo começou a trabalhar para contê-lo e só voltou para a cama quando terminou. Na manhã seguinte, olhando pela janela, viu com surpresa que suas pegadas tinham desenhado no terreno a figura de uma cegonha.

"Quando o desenho da minha vida estiver completo, verei, ou outros verão, uma cegonha?",[1] pergunta-se Karen Blixen. Nós poderíamos acrescentar: o percurso de uma vida permite que, no fim, possamos olhá-lo como um desenho que faça sentido?

É evidente, não se trata de um desenho previsto, projetado, controlado. Ao contrário, o pobre homem, chamado por uma circunstância externa, corre no escuro e tropeça, trabalha duro e, só quando o desastre é remediado, volta para casa. Nunca

---

1 Karen Blixen, *La mia Africa*, Milão: Feltrinelli, 1996, p. 200. [Ed. bras.: *A fazenda africana*, trad. Claudio Marcondes, São Paulo: SESI-SP, 2018.]

perde de vista o seu propósito, nunca abandona o objetivo da corrida até cumpri-lo. Seu percurso é uma mistura de intenção com acidentes. Atravessados por tantas atribulações e tantos obstáculos, mesmo assim seus passos acabam por deixar para trás um desenho, ou melhor, resulta de seu percurso um desenho que tem a unidade de uma figura. O significado da narrativa está, na verdade, exatamente no simples *resultar* que não segue um projeto e na *unidade* figural do desenho. Dito de outra maneira, o desenho – não os traços confusos, mas a unidade de uma figura – não é o que guia desde o princípio o percurso de uma vida, mas aquilo que a vida deixa para trás, sem nunca poder prever, nem mesmo imaginar. A cegonha só pode ser vista no fim, quando quem a traçou com a vida, ou *outros* espectadores, ao olharem de cima, veem os passos *deixados* no terreno.

O texto blixeniano traz estampado, na mesma página, o desenho da cegonha e o relato. Quando ela era criança, quem lhe contava essa história traçava sob seus olhos o desenrolar do desenho que sustenta a narração. Mais do que um eficaz artifício didático, tratava-se de um gesto que recolhe uma verdade fundamental da fábula. Porque o desenho *é*, na verdade, a história. Mais do que acompanhá-la e ilustrá-la, coincide perfeitamente com ela: o desenho que cada ser humano deixa para trás nada mais é do que a história de sua vida. "Todas as dores são suportáveis se as inserimos em uma história ou se uma história é contada sobre elas", escreve Karen Blixen. E Hannah Arendt comenta: "a história revela o sentido daquilo que, do contrário, permaneceria como uma sequência intolerável de puros acontecimentos."[2]

---

2 Hannah Arendt, "Isak Dinesen (1885-1962)", *aut*, nº 239-240, 1990, p. 169. [Ed. bras.: "Isak Dinesen (1885-1962)", in *Homens em tempos sombrios*, trad. Denise Bottmann, São Paulo: Companhia das Letras, 2008.]

Para o homem da fábula, o sentido é representado pela cegonha. Poderia ser, é claro, outro animal, uma árvore, um objeto. O sentido que salva a vida de todos do mero suceder-se de puros acontecimentos não consiste em determinada figura, mas em deixar para trás uma figura, ou seja, algo a partir do qual seja possível decifrar a unidade do desenho ao narrar a história. Como o desenho, a história só vem depois dos acontecimentos e das ações; é resultante deles. Como o desenho, que só pode ser visto ao amanhecer, da perspectiva de quem olha o terreno de cima e sem pisá-lo, a história só pode ser contada da perspectiva póstuma de quem não participa dos eventos. "Quando o desenho da minha vida estiver completo, verei, ou outros verão, uma cegonha?" A unidade figural do desenho, o significado unitário da história, pode ser colocada, por quem a vive, apenas em forma de interrogação. Ou, talvez, de desejo.

Além disso, não é por acaso que o conto infantil, animado pelo movimento do desenho, narre uma cegonha. Protagonista de um folclore que na Europa não tem fronteiras, a cegonha traz as crianças e lhes conta as fábulas.[3] Ave migratória de asas largas e face propícia ao mistério, não se sabe de onde vem, nem de onde vêm as crianças que carrega ou as fábulas que narra. A cegonha não "faz", mas carrega, transporta, passa adiante. É uma narradora, não uma autora. Como Karen Blixen, é uma *storyteller*: conta histórias.

O desenho traçado pela vida de Karen Blixen nunca poderia, de modo algum, ser o da mesma cegonha que o homem da fábula viu ao amanhecer. Cada ser humano é único, é um ser existente irrepetível que, por mais que corra desorientado no breu, misturando os acidentes às suas intenções, nunca segue os

---

3 Marina Warner, *From the Beast to the Blonde*, Londres: Vintage, 1995, p. 58-65. [Ed. bras.: *Da fera à loira: sobre contos de fadas e seus narradores*, trad. Thelma Médici Nóbrega, São Paulo: Companhia das Letras, 1999.]

mesmos passos de um outro, nunca repete o mesmo percurso, nunca deixa para trás a mesma história. Também por isso, as histórias de vida são narradas e ouvidas com interesse porque são similares e, no entanto, novas, insubstituíveis e inesperadas, do início ao fim. São sempre caprichos do destino.

Segundo Hannah Arendt, a "filosofia" blixeniana sugere que "ninguém tem uma vida digna de ser pensada sem que se possa contar sua história de vida." Isso não significa, contudo, "que a vida poderia, ou até deveria, ser vivida como uma história, e que o que se tem a fazer na vida é tornar a história verdadeira."[4] A vida não pode ser vivida como uma história porque a história vem sempre depois; resulta: é imprevisível e incontrolável, exatamente como a vida. Se o homem da fábula tivesse transcorrido a noite traçando no terreno, por vontade própria, o desenho de uma cegonha, ele não teria realizado a história. O que resultaria de sua atitude seria simplesmente uma história diversa: a estranha história de alguém que passou uma noite traçando, com seus passos, uma cegonha.

O homem da narrativa, além disso, é privilegiado. A magia da fábula, capaz de concentrar toda uma vida em apenas uma noite, permite que ele veja o desenho na manhã seguinte. Duvidando de que poderia ter o mesmo privilégio, Karen Blixen é cautelosa ao se perguntar se, em vez disso, serão os outros que poderão ver uma cegonha quando o desenho de sua vida estiver completo. Se a vida é esse caminhar para cima e para baixo que responde aos eventos sem que se possa transcendê-los, se é esse agir e reagir que não prefigura os próprios rastros, é bastante provável que isso aconteça. Em outras palavras, quem caminha no terreno não pode ver a imagem que seus passos deixam para trás; é preciso que haja outra perspectiva. Não por acaso, aquele que compreende o significado de uma história costuma ser o

---

4 H. Arendt, op. cit., p. 170.

narrador, que, traçando a cegonha sobre a folha, acompanha o relato com o desenho.

Sabe-se que a narração é uma arte delicada, "revela o sentido sem cometer o erro de defini-lo."[5] Ao contrário da filosofia, que há milênios persiste em capturar o universo na armadilha da definição, o relato revela a finitude na sua frágil unicidade[6] e canta sua glória. Karen Blixen, a Sherazade moderna, sabe disso muito bem, pois sua existência depende da paixão de contar histórias. Histórias de outros, como Esa, seu cozinheiro africano. Histórias inventadas, que se bifurcam em mil outras. "Ninguém conseguiria contar a história de sua vida da mesma forma como ela própria pode tê-la contado",[7] observa Hannah Arendt. Resta o fato de que ela nunca a narrou como um desenho, nem mesmo entre as linhas das pudicas páginas autobiográficas de *A fazenda africana*.[8] Como é evidente, Karen Blixen sabia que não seria possível ver com os próprios olhos o desenho de sua vida. Sabia que, fora da fábula infantil, é sempre um outro quem vê a cegonha.

Como nos ensina a fábula, trata-se de um desenho que dura uma manhã. Os passos no terreno úmido desaparecerão na

---

5 Ibid., p. 169.

6 Em muitas traduções de Hannah Arendt para o português, a palavra inglesa "*uniqueness*" foi traduzida como "singularidade". No entanto, nas traduções para o italiano, o francês e o espanhol, as palavras usadas foram, respectivamente, "*unicità*", "*unicitè*" e "*unicidad*", de mesma raiz etimológica e semântica. Assim, embora essa categoria arendtiana seja mais frequentemente reconhecida no Brasil como "singularidade", optei por traduzi-la como "unicidade" para respeitar a escolha tradutória de outros tradutores de Adriana Cavarero. Dessa forma, também, foi possível manter a proximidade etimológica com o nome de outra categoria que será discutida mais adiante neste livro: a unidade. (N. T.)

7 H. Arendt, op. cit., p. 165.

8 K. Blixen, *op. cit.,* 2018.

próxima chuva ou, talvez, a imagem será deformada pelas marcas de novos sapatos. A cegonha é frágil, traço efêmero de uma unidade entrevista, a doação de um instante na miragem do desejo.

Há uma ética da doação no prazer do narrador. Quem narra não apenas entretém e encanta, como Sherazade, mas dá aos protagonistas de suas histórias a imagem de uma cegonha. Se deixar para trás um desenho, um "destino", única imagem irrepetível da nossa existência, "é a única aspiração digna do fato de termos recebido a vida",[9] nada responde mais ao desejo humano do que a narrativa da nossa história. Antes de revelar o significado de uma vida, a biografia reconhece nela o seu desejo.

De acordo com Karen Blixen, a pergunta "quem sou eu?", mais cedo ou mais tarde, desponta do movimento de todo coração. Trata-se de uma pergunta que só um ser único pode pronunciar com sensatez. A resposta, como sabem todos os narradores, está na *regra clássica de contar uma história*.[10]

---

9 H. Arendt, op. cit., p. 169.

10 K. Blixen, "Il primo racconto del Cardinale", in *Ultimi racconti*, Milão: Adelphi, 1995, p. 14-15.

Primeira parte

Heróis

A história de Édipo

Surgirá a Esfinge mitológica diante da qual Édipo de repente se viu: diante dela, diante de sua pergunta, à qual ele respondeu com tanta sabedoria, mas sem se dar conta de que a resposta não lhe servia a nada, que o seu conhecimento só valia para algo geral – "o homem", respondeu, como se sabe –, quando o ponto era que ele se conhecesse, ele mesmo, nos recônditos do seu ser. Tanto é que continuou escondido até se perceber, totalmente indefeso, a descoberto. E com dificuldade nasceu, com dificuldade acordou.

— MARÍA ZAMBRANO, *Clareiras do bosque*[1]

"Ó, Édipo, outrora libertaste a terra do rei Cadmo/ do bárbaro tributo que nos era imposto/ pela cruel cantora",[2] recita o sacerdote em *Édipo rei*. Ele resolveu o enigma da Esfinge, libertando Tebas. À pergunta do monstro, isto é, qual animal caminha primeiro com quatro patas, depois com duas, e, por fim,

1 María Zambrano, *Clareiras do bosque*, Lisboa: Relógio D'água, 1995.

2 Sófocles, *Edipo re*, v. 35-36, trad. L. Correale, Milão: Feltrinelli, 1991. [Ed. bras.: *Édipo rei*, trad. Mário da Gama Kury, Rio de Janeiro: Zahar, 2018, p. 47-49.]

com três?, respondeu: o homem. "O que é" o homem, portanto, Édipo sabe. O conhecimento que compartilha com a monstruosa cantora consiste em uma definição do *universal*.

A forma do discurso platônico é demasiado conhecida para que isso não nos sugira assonâncias perfeitas. O que é o justo, o belo, o bem e, precisamente, o que é o homem,[3] na obra platônica, é uma pergunta genuína do universal que solicita, em resposta, uma definição. Em suma, é a própria forma da filosofia. Dessa maneira, podemos dizer que, diante da Esfinge, Édipo se revela filósofo. Parece que sim. Organizado, o seu conhecimento recita: o homem é o animal que, quando criança, caminha com quatro patas; ao crescer, com duas; e, ao envelhecer, apoiado na bengala, com três. Decerto a escassez do enunciado pode, à primeira vista, nos surpreender se comparada com a célebre fórmula aristotélica que define o homem como um animal racional e político – demonstrando-se, desse modo, decididamente mais consonante com os tons especulativos da linguagem filosófica. Mas não podemos esquecer que foi Platão, em um de seus mais saborosos exercícios sobre a arte da definição, quem definiu o homem como um animal bípede, sem penas e sem chifres.[4] A piada é evidente, mas a *estrutura* do discurso é a mesma. É sobre o homem no universal a pergunta da filosofia. (Escreveremos, portanto, de agora em diante, o "Homem", de maneira que seja a maiúscula a suportar o peso da universalidade.) A definição, que age como resposta necessária a essa pergunta, pode ser mais ou menos refinada, quase sempre inadequada ou, até mesmo, errada, mas o contexto *correto* do problema, a sua forma epistêmica, não muda.

---

3 Platão, *Parmênides*, 130b-c. [Ed. bras.: *Parmênides*, trad. Carlos Alberto Nunes, Belém: EDUFPA, 1974.]

4 Platão, *O político*, 265b ss. [Ed. bras.: *O político*, trad. Jorge Paleikat e João Cruz Costa, São Paulo: Abril Cultural, 1991.]

A resposta de Édipo – evidentemente consoante à escola filosófica do monstro de Tebas – é, de qualquer maneira, a resposta certa. A criatura terrível se aniquila: Tebas é libertada do monstro. Em troca, Édipo receberá o trono e a rainha, Jocasta. Contudo, em relação ao cânone platônico, ele e a Esfinge compuseram um discurso filosófico com dinâmica curiosamente invertida. Primeiro, veio a definição em forma interrogativa; depois, como resposta, o seu objeto. Assim impunha, é claro, a lógica da adivinhação, que sempre parte da definição questionadora para a descoberta do seu sentido. Uma lógica que é, por outro lado, bastante terrível, visto que a resposta se conecta a um efeito de morte. O desafio, sabe-se, é mortal: como é típico da Grécia Antiga, "o enigma surge da crueldade de um deus, de sua malignidade com os homens".[5] Édipo ou a Esfinge devem perder a vida; ele devorado pelo monstro, ela lançada no abismo. Ninguém sai vivo do antigo jogo que encena o extraordinário "contraste entre a banalidade, na forma e no conteúdo, desses enigmas e a tragicidade de seu êxito".[6] O que mantém o monstro vivo é o segredo do seu conhecimento sobre o Homem. Aquele que o desvenda conserva a vida, mas começamos a suspeitar de que corra o risco de viver desse conhecimento monstruoso.

Na verdade, a definição não se constitui como a palavra terrível, o lado mortal do enigma. Os tebanos conheciam de cor a fórmula tantas vezes repetida, a inócua definição que menciona o número de patas. O que decide quem deve viver ou morrer é, ao contrário, a resposta, o *definiendum*, isto é, o Homem. A Esfinge, é claro, já a conhece: o seu saber é completo. Ao adivinhar a resposta e compô-la com a pergunta, Édipo se apropria, precisamente, desse conhecimento. Na passagem do

---

5 Giorgio Colli, *La nascita della filosofia*, Milão: Adelphi, 1981, p. 50. [Ed. bras.: *O nascimento da filosofia*, trad. Federico Carotti, Campinas: Unicamp, 1988.]
6 Ibid., p. 52.

segredo do monstro à palavra humana, ele não perde seu efeito mortal. Parece, portanto, que existe algo de constitutivamente monstruoso no conhecimento sobre o Homem. Quase como se a própria atribuição da universalidade fizesse do Homem um monstro. O legado da Esfinge é pesado. A filosofia, em Tebas, apesar do alívio da cidade, parece nascer sob uma má estrela.

Talvez a culpa seja da adivinha, com sua lógica invertida e seu efeito letal. Como norma, decerto, os filósofos não se comportam como adivinhos nem se arriscam ao jogo mortal do enigma. Em vez disso, localizam logo e, digamos, pacificamente no Homem universal aquilo cuja "realidade" se deve questionar. Depois, buscam a resposta por meio de uma definição. Desse modo, ao aceitar com leveza descuidada o lado crucial do monstruoso, deslocam o problema para a sua definição. Contudo, a definição, mais que um problema – como bem sabia a Esfinge, pelo tom tão banal de sua adivinha –, não passa de uma espécie de brincadeira de criança, um jogo de fórmulas que podem ser combinadas de várias maneiras, até o limite do ridículo (afinal, fazia rir até o velho Platão!).

Sobretudo no Homem está a verdadeira marca do monstro, como Édipo pôde aprender. O Homem, precisamente: um universal que é todos justamente porque não é nenhum; que se desencarna da unicidade viva de cada um, fingindo dar-lhe substância; que é ao mesmo tempo masculino e neutro, uma criatura híbrida gerada pelo pensamento, um produto universal e fantástico da mente; que é invisível e intangível mesmo ao se declarar o único porta-voz da verdade; do seu absoluto noético[7], ainda que não deixe para trás uma história de vida;

---

7 Noético vem da palavra grega "nous", que significa "mente". Em lógica, o termo foi proposto por Hamilton e passou a definir o estudo dos fenômenos subjetivos da consciência, da mente, do espírito e da vida a partir do ponto de vista da ciência. (N. T.)

que há milênios atrapalha a linguagem com toda a descendência filosófica de sua concepção abstrata.

Se o enigma da Esfinge guardava um monstro filosófico, parece que Édipo teve a oportunidade de entrever seu rosto.

Uma célebre pintura em cerâmica ilustra Édipo diante da Esfinge no ato de resolver o enigma. Ele não fala: com o dedo, indica a si mesmo. A resposta não é verbal e não designa o Homem, mas consiste na tácita palavra "eu". A situação, dessa forma, é de fato paradoxal. Quando ainda não sabe quem é, Édipo se reconhece na definição do Homem: na descoberta do objeto dessa definição, *se* indica. Mais que um paradoxo, esse parece então, de novo, o enésimo jogo cruel do monstro. Justamente porque não sabe *quem* é, Édipo pode identificar-se no Homem de que fala a definição. Na verdade, são os próprios filósofos – esses diligentes funcionários do universal –[8] que nos ensinam como o conhecimento do Homem exige que a particularidade de cada um, isto é, a unicidade do existente humano, seja incognoscível. O conhecimento do universal, que afugenta de seu status epistêmico a unicidade encarnada, alcança a máxima perfeição precisamente ao pressupor sua ausência. *O que é* o Homem é possível conhecer e definir, como nos assegura Aristóteles; *quem* é Sócrates, no entanto, foge dos parâmetros do conhecimento como ciência, escapa à verdade da *episteme*.

Podemos, assim, compreender com mais exatidão o funcionamento do último jogo letal do monstro. Enquanto Édipo não sabe em absoluto *quem* é, ou melhor, acredita que sabe, mas se engana a respeito, ele já está na posição mais adequada, lá onde o universal finge realidade à custa da unicidade.

---

8 Luce Irigaray, *Sessi e genealogie*, Milão: La Tartaruga, 1989, p. 168.

A alternativa mortal do desafio entre a Esfinge e Édipo é, portanto, também uma alternativa mortal entre o Homem abstrato e a unicidade concreta. Na sentença "eu, o Homem", quem morre é precisamente a realidade do eu. A pintura antiga é um aviso terrível.

Dessa forma, parece necessário que, diante da Esfinge e pela eficácia filosófica do enigma, Édipo não saiba ainda *quem* ele mesmo é. No contexto do jogo sofócleo, todavia, a situação é mais complexa. Porque Sófocles, o público ateniense e, claro, nós sabemos muito bem: de fato, somos obrigados a saber em detalhes. A cena pressupõe o conhecimento do *mythos*, ou seja, literalmente, do *relato* que desde épocas imemoriais conta a história de Édipo, tim-tim por tim-tim e do início ao fim. Essa é, portanto, uma história que todos conhecem, exceto os protagonistas em cena. O jogo teatral consiste em reconduzir o entrelaçamento dos eventos ao equívoco que os sustenta e que, portanto, possibilita-lhes serem narráveis, pelos próprios protagonistas, como outra história. Assim, ocorre em cena o cruzamento de uma dupla narração: aquela equivocada e interna dos atores, e aquela onisciente e externa do mito. Esta última também inclui e funcionaliza a primeira. O mito é capaz de narrar a um só tempo – essa é a sua potência – a "verdadeira" história de Édipo, ou seja, a história de *quem* ele é, e a história "falsa" que o faz ignorar. Além disso, tal ignorância permite que as duas histórias se desenrolem pelos mesmos atos. A morte de Laio na encruzilhada fatal é ao mesmo tempo o homicídio de um desconhecido e um parricídio; a união com Jocasta é ao mesmo tempo um matrimônio legítimo e um incesto. O que sustenta a dupla narração, isto é, o equívoco reduplicante que faz de Édipo uma máscara enigmática da duplicidade,[9] é o seu nascimento – cuja verdade ele ignora, e o mito, ao contrário, conhece.

---

9 Cf. Jean-Pierre Vernant e Pierre Vidal-Naquet, "Ambiguità e rovesciamento. Sulla struttura enigmatica dell'*Edipo re*", in *Mito e tragedia nell'antica Grecia*, Turim: Einaudi, 1972, p. 92 [Ed. bras.: "Ambiguidade e reviravolta. Sobre a

Esse nascimento se torna decisivo em muitos sentidos. Como força motriz da história, em primeiro lugar vem carregado de uma profecia parricida que determina a troca de identidade do protagonista. O mito é conhecido. Jocasta dá à luz Édipo sob uma profecia que o destina a matar Laio, seu pai. No entanto, o menino foge à ordem infanticida do genitor, chegando a Corinto transportado por braços piedosos. Lá, Pólipo e Mérope o criam, fazendo-o acreditar que é filho deles. O mito conhece tudo isso e também conhece a sequência da história: Édipo assassina o pai em uma encruzilhada, acreditando que se tratasse de um desconhecido, e se casa com Jocasta sem saber que ela é sua mãe. Portanto, faz parte da narrativa que Édipo desconheça *quem* é, pois ignora seu nascimento. Ele só poderia conhecer a *sua* história se soubesse a respeito do próprio nascimento.

Com efeito, na cena de *Édipo rei*, é justamente o enigma desse nascimento que vem ao seu encontro, fazendo-o descobrir quem é. Ele não se depara de forma casual com a verdade do nascimento – ao contrário de muitos protagonistas de romances modernos –, mas está em busca dela. O que lhe dá essa oportunidade é a disseminação da peste, o novo mal que, depois do horror da Esfinge, atinge Tebas. Diz o oráculo que a peste é o efeito de uma antiga culpa impune, a do assassinato de Laio, que, sem ter sido desvendado, contamina a cidade com sua sombra. Então, quem melhor do que Édipo, rei dos tebanos e já um sábio decifrador de enigmas, para encontrar o culpado e os livrar de novo da maldição? É assim que Édipo começa a perguntar sobre a identidade do desconhecido, isto é, sobre a identidade, que ele desconhece, de si mesmo.

---

estrutura enigmática de *Édipo rei*", in *Mito e tragédia na Grécia Antiga*, trad. Anna Lia A. de Almeida Prado et al., São Paulo: Perspectiva, 2019] e Umberto Curi, *Endiadi*, Milão: Feltrinelli, 1995, p. 34ss.

Sujeito e objeto da investigação – a veste filosófica quase se encaixa perfeitamente mais uma vez –, ele parece, portanto, de maneira inconsciente, obedecer ao comando délfico, tão caro à filosofia, do "*Gnothi se auton*".[10] No entanto, trata-se de uma falsa sugestão, pela qual, desta vez, não nos deixaremos seduzir. Aqui, não cabe a filosofia: ao contrário, estamos indo na direção oposta. Na verdade, no "conhece-te a ti mesmo" de Édipo, é a sua identidade irrepetível que deve ser encontrada, e não, como no caso de Sócrates, um princípio de valor universal: o célebre saber que nada sei. Além disso, Édipo não faz uma espécie de viagem introspectiva ao *interior* de si mesmo; antes, vem a conhecer sua identidade pelo relato *externo* feito pelos outros. Se fora um filósofo diante da Esfinge, agora não o é mais. A proeza filosófica se conclui na infeliz herança do monstro. Para Édipo, é hora de começar a aventura da narração.

Como sabemos, trata-se de uma aventura com desfecho infeliz. Pelo relato de outros, Édipo descobre a verdade sobre seu nascimento e, portanto, sua história: uma história terrível, que o torna um parricida e um incestuoso. Por mais terrível que seja o resultado de tal relato, o *drama* da cena de Sófocles é bastante simples. Édipo não sabe quem é porque ignora seu nascimento. Portanto, apenas o relato do seu nascimento pode lhe revelar a história que ele protagoniza. Em outros termos, conhecer a si mesmo, para Édipo, significa conhecer o seu nascimento, porque foi ali que sua história começou. Faz parte da tragédia que essa seja uma história infeliz como o nascimento de que se iniciou, mas não afeta a verdade de um princípio geral. Com efeito, a história de vida de alguém sempre começa no ponto inicial de sua vida: não nos ocupamos mais do Homem em sua substância incorpórea e universal, mas sim de um homem em

---

10 Esta é uma transliteração do grego antigo que se refere ao aforismo "Conhece-te a ti mesmo". (N. T.)

particular, um ser único e existente chamado Édipo. Uma vez que ele existe, nasceu de uma mãe. A unicidade de sua identidade, o seu *daimon*,[11] se origina no evento desse nascimento. Édipo não tem dúvidas a esse propósito: "Eis minha mãe; nesta existência já provei o anonimato e agora vivo em culminâncias. Eis minha origem, nada poderá mudá-la. Não há razões para deixar de esclarecê-la."[12]

A ligação entre identidade pessoal e nascimento, de acordo com Édipo, é tanto materialmente fundada quanto inegável. Seu *daimon* se origina a partir do seu nascimento de uma mãe, essa e não outra, que, ao gerá-lo, gerou também os meses de toda a sua existência, essa e não outra. Por ignorar a verdade factual do seu nascimento, ele pôde acreditar-se outro, mas nunca pôde se tornar outro. Tornou-se exatamente aquilo que era e é: no tempo de uma vida em que já foi pequeno e grande, nas circunstâncias precisas que sua unicidade viveu, talvez sob falsa genealogia, mas não sob um falso *daimon*.

Embora o mito de Édipo seja de fato terrível – e demasiadamente repleto de referências simbólicas, bem como de uma camada significativa de interpretações –, também trata, em sua estrutura elementar, de um *daimon*. Este é originado no nascimento do protagonista e se revela em todas as suas ações, ainda que Édipo ignore os significados efetivos delas quando as realiza. Do ponto de vista onisciente do mito, tal *daimon* pode, assim, ser lido como uma profecia que se cumpre, inexoravelmente. Do ponto de vista do Édipo em cena, esse *daimon* é, ao contrário, a unicidade da identidade pessoal revelada nas ações que o personagem realizou. Tal revelação, que é, em todas as circunstâncias,

---

11 Na mitologia grega, os *daemones* eram entidades que influenciavam o comportamento humano. Mais tarde, o termo foi usado por Sócrates para se referir ao "gênio pessoal", ao espírito. (N. T.)

12 Sófocles, *op. cit.* v. 1082-1085.

indominável para quem se revela, em Édipo se demonstra simplesmente ainda mais invisível e incognoscível ao seu protagonista. Seu *daimon* está, na verdade, coberto por um equívoco inicial que muda as relações efetivas de contexto. Dito de outra maneira, Édipo ignora as relações de parentesco que o conectam àqueles que encontra. Não obstante, como uma comprovação terrível do fato de que a todas as pessoas – como diria Hannah Arendt – foge o significado das próprias ações, *resulta* das ações dele uma história que preserva o sentido da sua identidade.[13]

O texto de Sófocles, dessa forma, pode nos sugerir uma primeira tese: um saber definidor de assonância filosófica diz o que é o Homem, mas quem é Édipo só o relato de sua história poderá dizer. No entanto, para que a tese esteja completa, devemos acrescentar uma especificação: são os *outros* que vão contar a *ele* a *sua* história.

Para Édipo, na verdade, *quem* ele é resulta do relato que os outros lhe fazem de sua história de vida. Esse relato é polifônico, pois decorre dos fragmentos de narração que Jocasta, o pastor e o mensageiro coríntio recitam em cena, compondo-o em uma montagem dramática.

No fim, toda a história se torna nítida, e até os equívocos que a sustentavam se encaixam a ela de forma coerente. As ações realizadas por Édipo são as mesmas – um homicídio, um matrimônio –, mas seu sentido mudou. Se antes Édipo acreditava ser um outro, agora, ao enfim apreender isso da narrativa de sua história, ele sabe quem é. A forma edípica do "*Gnothi se auton*" não consiste, precisamente, em um exercício de introspecção, mas em solicitar o relato exterior da própria história.

---

13 H. Arendt, *Vita activa*, Milão: Bompiani, 1989, p. 140. [Ed. bras.: *A condição humana*, trad. Roberto Raposo, Rio de Janeiro: Forense Universitária, 2018.]

Descobrindo nesse relato a verdade sobre o seu nascimento, o filho de Jocasta nasce, assim, para sua identidade que se tornou tangível pela narrativa, isto é, renasce para o *daimon* da própria origem. "Verás num mesmo dia teu princípio e fim", predissera-lhe Tirésias.[14] No mesmo dia em que a vida lhe é dada novamente mediante o relato de seu nascimento, o *outro* Édipo – o homem de Corinto e o feliz rei de Tebas – é destruído. O resultado é, obviamente, a revelação da grande desventura que a onisciência do mito trouxe ao nosso conhecimento desde o início. Desventurada ou não, essa é, todavia, a história de Édipo, a qual revela uma identidade que era sua desde o início. Édipo é *quem* nasceu. Édipo é aquele que era e que sempre foi – do início ao fim na unidade de um si tornada tangível, neste ponto, pela narrativa – e, impedido de se tornar outro, a possibilidade de acreditar-se outro faz parte de sua história única, de fato desaventurada. Em sua vida, a mistura de intenções com circunstâncias foi por demais desbalanceada em combinações desfavoráveis. O resultado das ações é imprevisível para todo ser humano, mas para ele também se tornou terrível.

Milhares de volumes e um século de psicanálise nos eximem do trabalho de continuar refletindo sobre o sentido desse infortúnio inocente. Mas é certo que, mesmo na busca da própria identidade, o monstruoso vem ao encontro de Édipo. Poderíamos defini-lo precisamente como a comparação de dois registros discursivos que manifestam caráteres opostos. Um, o da filosofia, tem a forma de um saber definidor que diz respeito à universalidade do Homem. O outro, da narração, tem a forma de um saber biográfico que diz respeito à identidade irrepetível de um homem. As questões que sustentam os dois estilos discursivos também são bastante diversas: a primeira pergunta "o *que* é o Homem", a segunda pergunta a alguém "*quem* ele é".

---

14 Sófocles, op. cit.

Édipo está envolvido em ambas as questões, mas é evidente que sobretudo a segunda domina a cena de *Édipo rei*.

Nesse cenário, um dos narradores é cego. Trata-se de Tirésias, o profeta, cuja figura personifica a onisciência do próprio mito. De fato, o profeta Tirésias, tal qual o mito, conhece muito bem toda a história. É onisciente como nós, os espectadores, os leitores; no entanto, ao contrário de nós, está no palco. Ele sabe o que aconteceu, o que está acontecendo e o que vai acontecer, porque os tempos da história já estão condensados no presente da sua memória de adivinho. Ao contrário dos espectadores, que estão ali para ver, ele é cego. Tirésias não vê as coisas conforme acontecem, não participa do desenrolar dos eventos; contudo, conserva a história deles no presente de uma recordação em que tudo já ocorreu. Para ele, "também ao evento futuro se aplica o '*Factum infectum fieri nequit*'".[15,16] Se o relato de toda história só pode dizer respeito àquilo que já foi feito e não pode ser desfeito, o mito onisciente, encarnado pela máscara do adivinho Tirésias, também envolve o futuro nessa regra.

A particularidade de Tirésias reside, portanto, no fato de que ele está no palco *enquanto* os eventos acontecem, e pode narrá-los como se já tivessem acontecido. Como o espectador que conhece o mito, ele é impotente, isto é, suas ações não podem interferir nos acontecimentos. Todavia, ao contrário do espectador que assiste, não pode vê-los, pois, como narrador, já os viu acontecer. Além disso, como poderia desfazer aquilo que, na narrativa do mito, já foi feito? Como poderia intervir em um futuro que já se passou? Por mais que seu ofício de adivinho

---

15 Máxima latina que significa "O que está feito, feito está". (N. T.)

16 Giuseppe Serra, *Edipo e la peste*, Veneza: Marsilio, 1994, p. 41. Ao ótimo livro de Serra, devo muito mais do que esta citação. (N. A.)

o ligue ao futuro, o olhar de Tirésias, assim como o do narrador, é sempre retrospectivo.[17] Duplicação cênica singular do mito, a história que ele conta não é de sua autoria nem de qualquer outro. Reduplicação cênica curiosa da narrativa biográfica que outros, em muitas vozes, contam a Édipo, ele é o único que pode relatar a este uma biografia em que até esse relato polifônico, com tudo o que acontece, já está inserido.

Além disso, quando Édipo escuta toda a história, também se torna cego. O reconhecimento do estatuto narrável de sua identidade, ou talvez o explícito desejo de conhecer a sua história, qualquer que seja ela, produz para Édipo um autoconfinamento trágico na esfera solipsista da memória pessoal. Dizendo de outra forma, agora Édipo está cego porque vê acontecer de novo em sua memória o que antes nunca tinha visto. Antes, no palco, ele fora o narrador autobiográfico de sua história falsa: aquela que escondia em vez de revelar *quem* é, ou seja, o modelo radicalizado da não confiabilidade de toda autobiografia. Agora que sua verdadeira história lhe foi contada, o terrível significado de sua identidade o mantém preso a ela. Cego em relação ao presente, assim como a recordação, ele continuará a viver sem existir no presente, carregando consigo apenas a sua história. Édipo pagou o preço de aprender que o existente, na sua unicidade encarnada, é narrável. No entanto, ao que parece, por nada no mundo teria renunciado a essa narração.

Embora muitos defendam que o parricídio e o incesto são os pilares do desejo edipiano, parece lícito sustentar que igualmente forte em Édipo seja o desejo de nascer para sua "verdadeira" identidade pela narrativa que outros fazem de sua história. Com uma abordagem, à primeira vista, análoga, Roland Barthes se pergunta: "todo relato não se reduz ao Édipo? Contar é sempre procurar a origem, dizer as disputas com a Lei, entrar

---

17 H. Arendt, op. cit., p. 140.

na dialética do enternecimento e do ódio?"[18] Dessa forma, entra de novo em jogo aquilo que o próprio Barthes chama de o "policial psicanalítico"[19] e, portanto, o evidente marco falocêntrico que liga o relato ao prazer edipiano: "(desnudar, saber, conhecer a origem e o fim), se é verdade que todo relato (toda revelação da verdade) é uma encenação do Pai (ausente, oculto ou hipostasiado)."[20] Contrariando Barthes – e em polêmica desarmada com o policial psicanalítico que há muito tempo captura Édipo –, estamos tentando precisamente destacar como o desejo edipiano, ao contrário, dirige-se com obstinação à história de vida que lhe revela *quem* é quando ele nasceu de sua mãe. Em suma, estamos lendo Sófocles, não Freud. Quem nos encoraja é Hannah Arendt, que, denunciando o desaparecimento do hábito de contar histórias na época contemporânea, pergunta-se: "talvez dependa desse curioso interesse neurótico por um si que, na análise, vem descrito como alguém que não tem nada para contar a não ser as variações de uma experiência idêntica – o complexo de Édipo, em que se distingue da história que Sófocles nos conta?"[21]

Apesar do valor da sugestão de Barthes que focaliza "o nexo entre o relato e Édipo, entre o desejo e a narração",[22] afirmamos

---

18 Roland Barthes, *Il piacere del testo*, Turim: Einaudi, 1975, p. 46. [Ed. bras.: *O prazer do texto*, trad. J. Guinsburg, São Paulo: Perspectiva, 2015.]

19 Ibid., p. 56.

20 Ibid., p. 10.

21 Carta de 28-31/05/1971 a Mary McCarthy, in *Between Friends*, Nova York: Harcourt Brace, 1995, p. 295. [Ed. bras.: Carol Brightman (org.), *Entre amigas: a correspondência de Hannah Arendt e Mary McCarthy*, trad. Sieni Maria Campos, Rio de Janeiro: Relume Dumará, 1995.]

22 Teresa de Lauretis, *Sui generis. Scritti di teoria feminista*, Milão: Feltrinelli, 1996, p. 38. A citação de De Lauretis – que se refere a um capítulo de exemplar intensidade teórica sobre "Desejo e narração", extraído de *Alice Doesn't* (Bloomington: Indiana University Press, 1984) – permite-me que o que o Édipo de Sófocles manifesta é, antes de mais nada, um desejo *de* narração, isto é, o desejo do relato de sua história. Essa história é precisamente biográfica, e não autobiográfica. Ela chega tragicamente a Édipo pelas narrativas de terceiros no exato momento em que ele se enganava ao reivindicar narrá-la. "Ah! Infeliz! Nunca, jamais saibas quem és!",[23] gritara uma piedosa Jocasta, tentando que o exercício autobiográfico do filho não deixasse espaço para o nascimento do biográfico.

Além disso, conquanto imensamente desaventurado, *quem* mais poderia ser o Édipo cuja identidade conhecemos e cujo nome lembramos, a não ser o protagonista de sua história? E o que essa história ensina, a não ser a aproximação de Édipo, dado que ele é "este, e não outro"? A não ser o seu "considerar-se um destino, não desejar ser 'diferente'"?[24]

---

sinalizar o uso totalmente ingênuo que faço do termo "desejo". Embora não possa responder pelo meu inconsciente, devo declarar que minha escolha consciente é usar o termo "desejo" em seu significado mais amplo e banal, sem nenhuma alusão ao substrato sexual que em outras linguagens mais embasadas o caracteriza. (N. A.)

23 Sófocles, *op. cit.*, v. 1068.

24 Friedrich Nietzsche, *Ecce homo*, Milão: Adelphi, vol. VI, t. III, 1986, p. 281. [Ed. bras.: *Ecce homo*, trad. Paulo César de Souza, São Paulo: Companhia de Bolso, 2008.]

O paradoxo de Ulisses

Otávio parecia perturbado. – E nós? – perguntou, e sua voz estremeceu levemente. – Nós temos uma história? Como eu hesitava em responder, caiu aos prantos.

– Não temos uma história – repetia entre os soluços, como se de repente percebesse que pertencia a uma posição inferior na escala dos seres.

Adele se inclinou para acariciá-lo. – Não chore – murmurou. – Todos temos uma história. Mas não podemos conhecer a nossa, só a dos outros.

— PAOLA CAPRIOLO, *Il gigante*[1]

Entre os personagens da Antiguidade, Édipo é um caso especial. Há, contudo, um herói igualmente famoso que, embora não ignore o próprio nascimento, parece não saber quem é até se deparar com a narrativa de sua história. Trata-se de Ulisses.

Em uma das cenas mais bonitas da *Odisseia*,[2] Ulisses, disfarçado, senta-se como convidado na corte dos feácios. Um aedo

---

1 Paola Capriolo, "Il gigante", in *La grande Eulalia*, Milão: Feltrinelli, 1988.

2 Homero, *Odissea*, trad. Maria Grazia Ciani, Veneza: Marsilio, 1994. [Ed. bras.: *Odisseia*, trad. Carlos Alberto Nunes, Rio de Janeiro: Nova Fronteira, 2015.]

cego entretém os convidados com seu canto. Ele canta "[...] os feitos dos homens, gestas/ de heróis, cuja fama o alto céu, nesse tempo, atingira."[3] Canta a guerra de Troia, narra episódios sobre Ulisses, sobre suas conquistas. E Ulisses, escondendo o rosto no grande manto purpúreo, chora. "Apesar de nunca ter chorado antes", comenta Hannah Arendt, "nem sequer quando os fatos que ele agora escuta ocorreram. Só quando ouve a história é que se torna totalmente consciente do seu significado."[4]

Chamaremos essa cena de *paradoxo de Ulisses*. Como antes ocorreu a Édipo, esse paradoxo consiste na situação em que alguém recebe a própria história a partir da narração de outra pessoa. É exatamente o que acontece com Ulisses entre os feácios. Ele chora porque adquire uma noção plena do significado da narrativa. Mas o que precisamente a narrativa *significa*?

Nem a própria ação nem o agente, conforme sugere Hannah Arendt, mas a história que o agente, em sua ação, deixou para trás: isto é, sua história de vida. Então, ao ouvir sua história, Ulisses se comove. Não só porque são dolorosos os eventos narrados, mas porque, quando os vivenciara diretamente, não havia compreendido seu significado. É quase como se, agindo, ele fosse retirado do contexto dos acontecimentos. Quase como se, a cada vez, fosse capturado no presente da ação que despedaça a série temporal do antes e do depois. Agora, ao contrário, no relato do aedo, os tempos descontínuos daquele acontecimento se desvendam em uma história. Recebendo todo o significado da história narrada, Ulisses também adquire a noção de *quem* é o protagonista. Portanto, antes de ouvir sua história, ele ainda não sabia *quem* é:

---

3 Homero, *op. cit.*, VIII, v. 72-74.

4 H. Arendt, *La vita della mente*, Bolonha: il Mulino, 1987, p. 221. [Ed. bras.: *A vida do espírito*, trad. Cesar Augusto de Almeida et al., Rio de Janeiro: Civilização Brasileira, 2022.]

o relato do aedo, a narrativa de um outro, enfim lhe revela a sua identidade. E ele, no purpúreo de seu manto, chora.

Ulisses, ao contrário de Édipo, não ignora o próprio nascimento. Se Ulisses é *quem* nasceu, "este, e não outro", ele não se engana em relação aos nobres pais que o geraram. Portanto, não deveria haver um motivo para ignorar *quem* é, ou, pelo menos, ele não deveria ter as mesmas razões de Édipo. Prova disso é que, quando o rei dos feácios, comovido pelo seu choro, pergunta-lhe quem é, ele responde: "Sou de Laertes o filho, Odisseu", e depois prossegue com uma longa narrativa autobiográfica. A maneira como a pergunta do nobre senhor foi formulada nos fornece, contudo, um precioso indício. "Dize teu nome, e de como o teu pai e tua mãe te nomeiam/ na tua pátria, assim como os vizinhos, que em volta demoram./ Não há ninguém desprovido de nome na face da terra,/ desde que nasce, quer seja de nobre prosápia, ou do povo."[5]

Há também aqui, é claro, um jogo irônico da parte de Homero, visto que Ninguém foi o nome escolhido por Ulisses para enganar Polifemo. (Talvez o herói, descobrindo como seu nome já tinha conquistado fama imortal, agora chore de alívio por se livrar da terrível piada de chamar-se Ninguém?) Mas essa não é a questão. A questão é, de fato, a seriedade da pergunta feita ao hóspede desconhecido.

Ao fazer tal pergunta, o rei dos feácios destaca que cada ser humano, desde o nascimento, tem um nome próprio que o acompanha por toda a sua vida, como uma espécie de unidade "vocativa" da sua unicidade. Somente um ser único tem um nome próprio; no caso de Ulisses, com maior razão, já que, entre os personagens homéricos, ele é o único a portá-lo.

---

5 Homero, *op. cit.*, VIII, v. 550-554.

Todavia, não é essa absoluta originalidade onomástica que faz do nome um sinal da unicidade. Antes, esta reside no fato paradoxal de que cada um responda imediatamente à pergunta "*quem* é?" pronunciando o próprio nome, embora mil outros possam responder com o mesmo nome. Ainda que seja compartilhado com muitos outros, o nome próprio é, assim, a estranha síntese verbal de uma unicidade que se expõe à sua pergunta sem que corresponda a ela nenhum outro conhecimento. Como observa Walter Benjamin, ao nome que os genitores dão aos filhos "não corresponde – em sentido metafísico, não etimológico – nenhum conhecimento, motivo pelo qual eles nomeiam os filhos assim que nascem".[6] O nome anuncia a unicidade, no seu surgir inaugural no mundo, antes ainda que alguém possa conhecer quem é o novo nascido, ou seja, *quem* ele se revelará no curso de sua vida. Um ser único, sem qualquer qualidade, está se iniciando e *já* tem nome. Trata-se de um nome que não foi escolhido por ele, mas dado por outros: assim como é dado e não escolhido, pelo existente, o seu ser da maneira que é. A unicidade que pertence ao *próprio* é sempre um *dado*, um *doado*.

Além disso, não são sempre os genitores que nomeiam os filhos. É o caso dos enjeitados: muitas vezes, o nome deles corresponde – e dessa vez em sentido etimológico – a uma verdade apreciável. Em italiano, nomes como Donato e Bendita trazem consigo seu significado. Porque quem nasce e é abandonado pela mãe torna-se para sempre uma existência *doada* por ela ao mundo e *bendita* para o mundo. O pequeno ser, embora sozinho, encontra nessa solidão apenas um caso infeliz e

6 Walter Benjamin, "Sulla lingua in generale e sulla lingua dell'uomo", in *Angelus novus. Saggi e frammenti*, Turim: Einaudi, 1981, p. 63. [Ed. bras.: "Sobre a linguagem em geral e sobre a linguagem do homem", in *Escritos sobre mito e linguagem*, trad. Susana Kampff Lages e Ernani Chaves, São Paulo: Editora 34, 2011.]

extraordinário. A ausência da mãe logo se torna perceptível na pergunta que não se pode evitar, mas que foi destinada a permanecer sem resposta. "De quem nasceu esta criatura?", pergunta a língua do existente, que é único. E revela, assim, a sua sintomática oposição à língua dos filósofos. Tal língua, que enxerga o existente de forma geral, pergunta "de *onde*" ele veio: por isso, é obrigada a restringir sua resposta à alternativa, tão solene quanto vazia, do *ser* e do *nada*. Mas a pergunta que se dirige a um ser único recém-nascido é precisamente a que quer saber "de *quem*". Então, como sabemos, quem responde é Deus: dando ao pequeno ser o sobrenome Deodato, ou – com louvável previsão – Diotallevi.[7] Assim o próprio Deus, além de agir como Criador de todos nós, está aqui sobretudo para suprir a ausência de uma mãe. De modo que talvez haja maior realismo amoroso no sobrenome napolitano Esposito, o qual, com espírito humilde, reconhece um abandono. Porque cada existente, desde o seu nascimento, é de fato *exposto*, ou seja, levado à aparência. Tal exposição é ainda mais frágil no enjeitado. Quem encarna o *ex* do ex-istente, isto é, a mãe *da qual* nasceu, embora tenha estado na origem de sua ex-istência, agora não existe mais. A existência como exposição se torna, nesse caso, a verdade perceptível de toda essência, acurada pela perda imediata da própria origem.[8]

"Sou de Laertes o filho, Odisseu", responde, por sua vez, Ulisses, ignorando a origem materna da existência (como é típico não apenas dos heróis). Assim, o nome serve de cola entre a história que o aedo cego contou até aqui e a sequência da his-

---

7 Na região norte da Itália, Diotallevi (ou Diotallevio) era um nome dado a recém-nascidos abandonados, em condição de indigência ou doença. (N. T.)

8 Tratei de forma mais ampla sobre este assunto no ensaio "Nascita, orgasmo, politica", in *MicroMega. Almanacco di filosofia*, 1996, p. 141-149, que aborda temas retomados também no Capítulo 3 deste livro. (N. A.)

tória que Ulisses se prepara para narrar. Isto é, o nome próprio, como sigilo fonético da identidade do herói, conecta o relato biográfico e o autobiográfico. Mas é aqui que se concentra o núcleo do paradoxo. Como Ulisses pôde chorar pelo efeito revelador do relato biográfico, se ele mesmo é capaz de narrar a sua autobiografia? Por que, como já acontecia a Édipo e quaisquer fossem as circunstâncias do nascimento, o significado da identidade *sempre* depende da narrativa de um outro para a própria história de vida?

Hannah Arendt não teria dificuldade de dissolver esse estranho paradoxo. Ele decorre do fato de que a categoria da identidade pessoal postula sempre o *outro* como necessário. Antes ainda que um outro possa tornar tangível a identidade de alguém ao relatar sua história, muitos outros já foram espectadores da exposição constitutiva da própria identidade sob o olhar de terceiros. Dito de outra maneira, o existente humano, na medida em que é único e se mostra como tal desde o nascimento, é justamente o *exposto*. Por isso a identidade corresponde ao *quem* "da pergunta feita a cada recém-chegado: 'quem és?'".[9] "O impulso da autoexibição, [que consiste] em reagir mostrando-se ao efeito esmagador de ser mostrado",[10] faz da identidade um i-nato expor-se do *quem* ao olhar e à pergunta dos outros.

Além disso, esse mostrar-se que é exibição recíproca não é coisa apenas de humanos. "O mundo em que os homens nascem contém muitas coisas, naturais e artificiais, vivas e mortas", observa Hannah Arendt, "e todas têm em comum o fato de *aparecerem*, estando, portanto, destinadas a serem vistas, tocadas, degustadas, cheiradas, a serem percebidas por criaturas sen-

9 H. Arendt, *Vita activa*, p. 129.
10 H. Arendt, *La vita della mente*, p. 102.

cientes munidas dos órgãos de sentido apropriados."[11] De maneira similar, María Zambrano escreve que "tudo é correlato, na vida: ver é o correlato de ser visto, falar é o correlato de escutar, pedir é o de dar."[12] Apenas em Arendt, contudo, essa festa cósmica da reciprocidade se une ao fenomenismo radical que ela concentra na fórmula pela qual "Ser e Aparecer coincidem".[13] Tal aparência tem "um alcance ontológico, e não simplesmente fenomenológico."[14] No espetáculo exibitivo geral que Arendt nos apresenta, a aparência não é, na verdade, o fenômeno *superficial* de uma "essência" mais íntima e verdadeira. A aparência é o *todo* do ser entendido como finitude plural do existir. Isso vale sobretudo para os humanos: estes têm o privilégio de aparecer uns para os outros distinguindo-se em sua inata unicidade, de modo que nessa exibição recíproca *quem* se mostra aparece, inteiramente e sem resíduos, tal e qual é. Como destaca também Jean-Luc Nancy, "no existente trata-se de existência e não de essência",[15] ou seja, trata-se de uma unicidade da identidade pessoal que, em vez de ser uma substância, tem um caráter totalmente expositivo e relacional. Desde o nascimento, cada um, como existente único, mostra aos outros *quem* é.

Os caráteres expositivo e relacional da identidade são, dessa forma, indistinguíveis: alguém sempre aparece para alguém, não se pode aparecer se não há um outro. Disso resulta, citando de novo Nancy, que "o inexponível é o inexistente",[16] isto é, existir consiste em expor-se em uma cena plural onde

---

11 Ibid., p. 99.

12 M. Zambrano, *I beati*, Milão: Feltrinelli, 1992, p. 116.

13 H. Arendt, op. cit., p. 99.

14 Roberto Esposito, *L'origine della politica*, Roma: Donzelli, 1996, p. 48.

15 Jean-Luc Nancy, *La comunità inoperosa*, Nápoles: Cronopio, 1992, p. 170. [Ed. bras.: *A comunidade inoperada*, trad. Soraya Guimarães Hoepfner, Rio de Janeiro: 7Letras, 2016.]

16 Ibid., p. 172.

todos, aparecendo uns para os outros, mostram-se únicos. Eles aparecem reciprocamente, antes de tudo, em sua materialidade corpórea e como criaturas dotadas de órgãos sencientes. Em outros termos, a língua do existente assume a condição carnal do "este, e não outro" em toda a sua perceptível concretude. Com o nascimento, a partir da "realidade nua da nossa aparência física originária",[17] cada um de nós é *quem* aparece aos outros em sua unicidade e distinção.

Emendando o silêncio arendtiano a respeito desse ponto, podemos então notar que, além de ser a progenitora do existente, a mãe é também a *outra* a quem, em primeiro lugar, o existente aparece. Além disso, tal identidade física, durante toda a vida, continua a aparecer aos outros "na forma única do corpo e no som da voz".[18] O primado da aparência constitui no olhar dos outros o aspecto corpóreo fundamental da identidade. Em outras palavras, na medida em que concerne a um ser único, em um nível puramente corpóreo, é necessária à identidade a presença dos outros. A aparência, sempre e de qualquer maneira, é o único princípio de realidade:

> [...] a "sensação" de realidade, do verdadeiro e próprio existir, está em relação com o *contexto* em que aparecem os objetos individuais, também com o contexto no qual nós mesmos, como aparências, existimos entre outras criaturas que aparecem.[19]

A distinção entre um plano corpóreo e um plano, digamos assim, espiritual da identidade se justifica apenas no âmbito polêmico ao qual nos obriga a obsessão dicotômica da filosofia. Esta, sabe-se, ama separar, no sujeito, o corpo da alma. A despeito

17 H. Arendt, *Vita activa*, p. 128.
18 Ibid., p. 130.
19 H. Arendt, *La vita della mente*, p. 134.

da filosofia, a aparência e o primado do visível que abarca seu fenômeno são, todavia, sempre e em todo caso enraizados na materialidade do contexto. A criatura recém-nascida também já é um existente único que exibe corpo e espírito aos outros de forma inseparável. Como bem sabia Édipo, a unicidade é uma unicidade encarnada: esta, e não outra; em todos os meses de sua vida, até que *quem* nasceu morre. O primado do visível tem, assim, o mérito de exemplificar de maneira eficaz o motivo pelo qual uma identidade constitutivamente exposta aos outros também é incontrolável. Quem se expõe, de fato, não pode conhecer *quem* está expondo, porque não *se* vê. Portanto, é mais que provável, argumenta Hannah Arendt,

> [...] que o "quem" que aparece de forma tão clara e inconfundível aos olhos dos outros permaneça oculto à própria pessoa, como o *daimon* da religião grega, que acompanha o homem ao longo de sua vida, sempre espiando por trás de seus ombros e, portanto, visível apenas para aqueles que ele encontra.[20]

Todavia, segundo Arendt, aparecer para os outros simplesmente porque você os conhece e mostrar a eles ativamente *quem* se é são duas coisas diferentes. Em resumo, tal diferença diz respeito ao mero aparecer da identidade física de qualquer pessoa e a sua *ativa* exibição. Não se trata, no entanto, de uma diferença entre a simples materialidade e a sublime espiritualidade, entre corpo e alma. Ao contrário, trata-se de uma diferença de cenário. A cena na qual "os seres humanos aparecem uns aos outros não como objetos físicos, mas *enquanto* homens"[21] é, na verdade, aquele que testemunha sua *ação* com atos e palavras. Como se sabe, Hannah Arendt transgride os

---

20 H. Arendt, *Vita activa*, p. 131.

21 Ibid., p. 128.

cânones do léxico tradicional e dá a essa cena de exibição interativa o nome de política.[22]

Herdeira direta da pulsão natal à autoexposição, no horizonte arendtiano a faculdade humana da ação, na verdade, tem o dever de revelar ativamente a unicidade da identidade pessoal. Revelar-se aos outros de forma ativa, com atos e palavras, oferece um espaço plural e, por isso, político à identidade, confirmando sua natureza exibitiva, relacional e contextual. Em outros termos, o *quem* de cada um é revelado aos outros quando age na sua presença sobre um teatro interativo no qual cada um é, ao mesmo tempo, *ator* e *espectador*. Neste mundo, onde já "não existe nada e ninguém cujo si mesmo não pressuponha um *espectador*",[23] nem mesmo o ator do teatro político peculiarmente humano sabe, entretanto, *quem* revela. Seguindo seu impulso de autorrevelação, ele se limita a mostrar *quem* é aos outros distinguindo-se ativamente no horizonte da "paradoxal pluralidade de seres únicos"[24] que caracteriza a condição humana. No entanto, a sua identidade, impossível de dominar e invisível para ele, assim como o *daimon*, permanece-lhe desconhecida. Também no plano ativo da revelação propriamente humana, isto é, política, o significado da identidade se mantém como patrimônio do outro.

Ao acenar assim propiciamente ao *daimon*, podemos voltar à Grécia para recuperar o Ulisses homérico do nosso paradoxo.

---

22 Aqui, fui obrigada a sintetizar em poucas linhas um pensamento político totalmente original e anômalo. Por sua complexidade, refiro-me ao ótimo e documentado volume de Simona Forti, *Vita della mente e tempo della polis*, Milão: Franco Angeli, 1994. (N. A.)

23 H. Arendt, *La vita della mente*, p. 99.

24 H. Arendt, *Vita activa*, p. 128.

Contudo, não podemos nos abster de sinalizar que, do ponto de vista de Hannah Arendt, Ulisses, embora seja único como todos os seres humanos, tem uma peculiaridade. Ele é um *herói*, ou seja, é uma amostra da ação em que o impulso à autorrevelação se *exalta*.[25] Além disso, Arendt não é particularmente original nessa convicção: a ênfase no caráter autoexpositivo da ação heroica é um conceito bastante conhecido na tradição crítica. Para Hegel, por exemplo, no herói, "a ação é o destaque mais evidente do indivíduo".[26] Blanchot desenvolve o tema de maneira mais explícita quando escreve que o heroísmo é "revelação, admirável intensidade luminosa do ato em que se unem essência e aparência [...] enquanto o herói que não age não é nada."[27] Ao afirmar que o herói que não age não é nada, Blanchot passa, portanto, a concentrar a ênfase da ação heroica em um ponto crucial. O objetivo de sua sentença é, na verdade, dizer que o herói é *tudo* na ação que o revela.

Contudo, é absolutamente peculiar à ótica arendtiana a genealogia política que ela vê se desenrolar a partir da figura heroica. Na sua perspectiva, o herói se torna o protótipo da ação da Antiguidade grega: aquela mesma ação exibitiva que passa a caracterizar o espírito competitivo da pólis democrática. A passagem do herói homérico ao cidadão da pólis é coerente e direta. Em ambos, manifesta-se uma pulsão autoexibitiva que encontra, ou melhor, cria espaços adequados, isto é, espaços interativos, à própria expressão.

---

25 Ibid., p. 142.

26 Friedrich Hegel, *Estetica*, Turim: Einaudi, 1967, p. 247.

27 Maurice Blanchot, *L'infinito intrattenimento*, Turim: Einaudi, 1977, p. 493. [Ed. bras.: *A conversa infinita: a palavra plural*, trad. Aurélio Guerra Neto, São Paulo: Escuta, vol. 1, 2001; *A conversa infinita: a experiência limite*, trad. João Moura Jr., São Paulo: Escuta, vol. 2, 2007; e *A conversa infinita: a ausência de livro*, trad. João Moura Jr., São Paulo: Escuta, vol. 3, 2010.] Sobre o tema, verificar as observações de Franco Moretti, *Opere Mondo*, Turim: Einaudi, 1994, p. 14ss. (N. A.)

Para o herói, tal espaço é a planície de Troia, onde ele mostra aos seus iguais *quem* é com atos e palavras. Para o cidadão, esse espaço é, no entanto, a Ágora, a praça no centro da pólis. Na planície troiana, os heróis têm "a oportunidade de se mostrarem como de fato são, de revelarem-se em sua real aparência e, portanto, de se tornarem plenamente reais".[28] Na Ágora, os cidadãos o fazem ao constituírem, a partir da interação e de uma rede plural de pontos de vista, aquele que é precisamente o estatuto de *realidade* concedido ao existente humano como ser único. Assim, podemos entender facilmente por que, para Hannah Arendt, a ação é sinônimo de *política*: modelada na ação heroica da épica homérica, é na pólis onde conquista seu cenário mais célebre.

A ação heroica, ao aumentar o impulso da autorrevelação que pertence à ação, tem, portanto, o mérito de dar máximo destaque à coincidência constitutiva do *ser* e do *parecer*, que define o caráter totalmente exibitivo da identidade. Trata-se, na verdade, de uma identidade que, em vez de corresponder a uma substância, é irresidualmente expressiva. Como no fundo também sugere Blanchot, sob essa identidade, antes dela ou para além dela, não há mais nada. Hannah Arendt especifica que ela não exprime (isto é, pressiona para fora) algo interno: a identidade, íntima e profunda, do si. Exprime, ao contrário, nada além de "si mesma, e assim se mostra ou se exibe."[29] Comentando a noção arendtiana da ação, Bonnie Honig pôde, dessa

---

28 H. Arendt, op. cit., p. 46. Note-se a repetição enfática do termo "realidade". Arendt escreve ainda mais explicitamente no mesmo texto: "para nós, o que aparece – que é visto e sentido pelos outros e também por nós mesmos – constitui a realidade" (p. 37), "a realidade da esfera pública funda-se na presença simultânea de inúmeras perspectivas" (p. 42). (N. A.)

29 H. Arendt, *La vita della mente*, p. 111. Em modo não dissímil e, todavia, focalizado no *discurso*, lemos em Heidegger: "Falando, o ser se exprime: não porque tenha sido antes encapsulado em um 'dentro' contraposto a um 'fora', mas porque, enquanto ser-no-mundo, ele já está 'fora'. O que é expresso é

forma, afirmar que "a identidade não é a condição expressiva ou a essência da ação, mas seu produto".[30] É correto destacar que se trata, no entanto, de uma produção que não segue os tempos do antes e do depois, da causa e do efeito, mas mostra ativamente aquilo que desde o início – isto é, desde o nascimento – consiste em seu mostrar-se.

Decerto, na ênfase da ação heroica, acaba por se evidenciar, massivamente, a constitutiva impossibilidade de controlar o *quem*. Precisamente: ninguém pode conhecer, controlar ou dispor da própria identidade. Tudo o que se pode fazer é exibi-la, ou seja, exibir aquela unicidade irrepetível que se é, enquanto *tal* aparece para os outros no contexto atual de sua exibição. Como acontece não apenas ao herói, mas a todos os outros *atores*, ele não sabe quem é, pois de forma alguma poderia saber. Quem se revela nunca sabe *quem* revela. Uma vez que no caráter exibitivo desse *quem* está a identidade de cada um, *quem* o agente revela é, por definição, desconhecido pelo próprio agente.

Por sugestão arendtiana, portanto, conseguimos enfim desvendar um lado do paradoxo, isto é, o enigma pelo qual, na corte dos feácios e antes de escutar sua história, Ulisses demonstra não saber *quem* é. Nessa ignorância da própria identidade, ele não é exatamente um caso especial. Contudo, como já anunciado, o fato de que ele é um herói não pode ser considerado um fator secundário. O herói, na verdade, não se limita a agir entre os seus semelhantes; exaltando o impulso para a autorrevelação,

---

justamente o ser fora." (*Essere e tempo*, Milão: Longanesi, 1970, p. 254) [Ed. bras.: *Ser e tempo*, trad. Marcia Sá Cavalcante Schuback, Petrópolis: Vozes; Bragança Paulista: Editora Universitária São Francisco, 2015.] (N. A.)

30 Bonnie Honig, "Toward an Agonistic Feminism: Hannah Arendt and the Politics of Identity", in Judith Butler e Jean W. Scott (orgs.), *Feminists Theorize the Political*, Nova York: Routledge, 1992, p. 220.

ele realiza espontaneamente *grandes* feitos, isto é, realiza ações dignas de fama, *memoráveis*. Dessa forma, a história resultante de tais ações já está caracterizada por uma memorabilidade intrínseca. Tudo o que o narrador faz, ao contá-la, é colocá-la em palavras.

Mas estamos nos aproximando do segundo lado do paradoxo. Em termos arendtianos, seu aspecto crucial consiste na constatação de que a história de Ulisses, assim como todas as histórias, não tem nenhum autor: ela simplesmente resulta das ações de Ulisses. Vamos aos fatos: "a história de vida em que nos empenhamos ao longo de todo o curso de nossa vida não tem um artífice visível ou invisível porque não foi feita."[31] Embora, para quem cumpre a ação, "o significado do ato não consista na história alcançada",[32] da sucessão de suas revelações ativas sempre *resulta* uma história: a *sua* história de vida. Ele não é seu autor, mas é seu protagonista. A história que resultou de suas ações é, assim, uma trama impalpável que busca ser contada, isto é, busca um narrador.

Ainda que uma história de vida nunca tenha um autor, sempre tem um protagonista – um herói, como se costuma dizer – e, às vezes, um narrador. Pois, se quisermos continuar a seguir Hannah Arendt, apenas uma história inventada revela um artífice que, com razão, pode se definir como seu autor. Uma história de vida, ao contrário, faz do seu narrador um simples biógrafo. Ele se limita a compreender a história que o ator deixou para trás e a colocá-la em palavras. Assim, a identidade pessoal do ator, que se revelava de maneira intangível em suas ações, se torna tangível na narração: "só podemos saber *quem* alguém é

---

31 H. Arendt, op. cit., p. 136.
32 Ibid., p. 140.

ou foi se soubermos a história da qual ele mesmo é o herói – em outras palavras, a sua biografia."[33] Sócrates não deixou nada escrito e, no entanto, por meio da história que outros escreveram a seu respeito, sabemos quem ele foi muito melhor do que "ocorre com Platão e Aristóteles, de cujas opiniões estamos tão bem informados".[34] Pois a obra que Platão e Aristóteles nos deixaram nos dizem não *quem*, mas *o que* eles foram. Foram filósofos, como bem sabemos. Mas, para Hannah Arendt, essa é apenas uma de suas qualidades, um talento decerto notável que, no entanto, os une a muitos outros e não os torna únicos.

Faltou a Platão um biógrafo. Evidentemente, para além da antiga questão de sua autenticidade, o caráter autobiográfico da *Carta VII*,[35] na opinião de Arendt, não conta. Além disso, a autobiografia figuraria no horizonte arendtiano como um exercício absurdo, visto que a identidade revelada pelas suas ações é justamente aquilo que o agente desconhece e não controla. Portanto, ele será ainda menos capaz de conhecer e controlar a história que tais ações deixam para trás. "Só há sentido em repetir os dados autobiográficos se eles forem percebidos como únicos, como expressão de um valor único e irrepetível",[36] escreve Hannah Arendt em uma das raras páginas que concedem algum sentido à autobiografia. Resta o fato de que o *significado* de uma história de vida, para ela, sempre depende da biografia, isto é, da narrativa de um outro.

O estatuto relacional da identidade postula sempre o *outro* como necessário: seja esse outro personificado por uma pluralidade de espectadores que colhem os atos autoexibitivos do agente, seja o outro personalizado por aquele que narra a histó-

---

33 Ibid., p. 136.

34 Idem.

35 Platão, *Carta VII*, trad. José Trindade Santos e Juvino Maia Jr., Rio de Janeiro: PUC-Rio; São Paulo: Loyola, 2008.

36 H. Arendt, *Ebraismo e modernità*, Milão: Unicopli, 1986, p. 151.

ria de vida resultante desses mesmos atos. Contudo, ao contrário do espectador, o narrador não está presente durante os acontecimentos. Por isso mesmo, como o historiador, o narrador dirige para essas ações um "olhar retrospectivo". Ele conhece melhor do que os outros tudo o que aconteceu justamente porque não participa diretamente do contexto das ações do qual resultou a história. Os eventuais relatos dos atores podem, no máximo, tornar-se "fontes úteis" à disposição do narrador; mas, para o significado e a verdade da história, é indispensável que quem a conta não esteja envolvido na ação de seu protagonista.

Na corte dos feácios, a relação entre Ulisses e o aedo é, portanto, perfeita. Representação óbvia de Homero, o aedo, assim como Tirésias, é cego. Ele não vê a ação nem o agente, pois não está presente na cena em que a ação acontece e o agente se expõe ao espectador. O que ele vê, no entanto, com seus olhos cegos, é a história resultante, pois ela se faz presente para ele no formato invisível da recordação. A cegueira do narrador, a cegueira de Homero, do aedo e de Tirésias, contraposta ao olhar do espectador, destaca a diferença essencial entre ação e narração. Ambas pertencem ao significar-se da identidade: mas, enquanto no plano da ação esse significar-se está enraizado na fragilidade e na impossibilidade de controlar o contexto, no plano da narração o significado pertence a uma história que é imutável como o passado. Ao presente fugaz e descontínuo se contrapõem a imutabilidade e a duração do passado. A diferença fundamental entre ação e narração está exatamente aqui: o poder revelador da ação se dispersa no instante do acontecimento, mas a história conserva no tempo – e às vezes para sempre, se tem a sorte de encontrar um grande narrador – a identidade do seu herói. Depois de alguns milênios e por mérito de Homero, não estamos aqui debatendo Ulisses?

Ulisses, o herói, é de fato paradigmático sobretudo pela intrínseca memorabilidade de sua ação. Antecipando a inevitável morte que, cedo ou tarde, o espera, ele realiza grandes ações por confiar no efeito memorável delas. "Salvar os atos humanos do esquecimento que os torna efêmeros"[37] é, pois, na Grécia, tarefa do narrador que transmite a memória deles para a posteridade. De forma significativa, segundo Hannah Arendt, esse papel de imortalizar o narrado diz respeito tanto ao poeta quanto ao historiador, tanto a Homero quanto a Heródoto. Eles podem "conferir fama imperecível às palavras e aos gestos, e assim fazê-los sobreviver não apenas ao efêmero ato no qual o discurso é pronunciado e o ato consumado, mas também à morte física do agente".[38] Verdadeira grandeza do homem, medida do seu ser humano como humano, a ação é frágil: surge e se consome no mesmo instante do seu surgimento. Apenas o poeta e o historiador podem salvá-la do esquecimento. Uma empreitada comum, pois tanto as histórias individuais quanto a História – que, como um "livro de narrativas da humanidade",[39] é constituída pelo entrelaçamento entre elas – resultam das ações humanas.

Tanto o poeta quanto o historiador se voltam para a irrepetibilidade do único, e não para o universal e o geral. Eles não têm teses para demonstrar, nem "leis" históricas para descobrir: são imparciais, contam aquilo que um dia ocorreu no espaço compartilhado da aparência. Homem que inspirou Heródoto, Homero é, ao mesmo tempo, o primeiro poeta e o primeiro historiador. Assim, Hannah Arendt pode declarar que

---

37 H. Arendt, *Tra passato e futuro*, Milão: Garzanti, 1991, p. 70. [Ed. bras.: *Entre o passado e o futuro*, trad. Mauro W. Barbosa, São Paulo: Perspectiva, 2022.]

38 Ibid., p. 75.

39 H. Arendt, *Vita activa*, p. 134. Para saber mais sobre essa ideia crucial arendtiana sobre a ligação entre História e narração, que antecipa as teorias de Hayden White e Paul Veyne, ver S. Forti, *Vita della mente e tempo della polis*, 1994, p. 238-241. (N. A.)

> a imparcialidade, junto à verdadeira historiografia, veio ao mundo quando Homero decidiu cantar os feitos dos troianos tanto quanto os dos aqueus, exaltando a glória de Heitor tanto quanto a de Aquiles".[40]

O resultado, sabe-se, é uma narração de múltiplas perspectivas que tece as diversas histórias em uma trama rica de digressões e suspensões. A tal ponto que o estilo épico poderia até mesmo ser definido como antecipadamente pós-moderno em seu módulo narrativo, enquanto é, em vez disso, a tradução fiel do incontrolável entrecruzar-se das diversas histórias resultantes das diversas ações. Homero é, para Arendt, a figura arquetípica do contador de histórias: o narrador que concentra em sua obra tanto a arte do historiador quanto a do poeta. Em outras palavras, ele é o poeta cego,[41] aquele que, ao contar histórias, salva as exibições recíprocas dos atores daquela frágil atualidade do presente que lhes pertence.

"A imparcialidade homérica fundava-se no pressuposto de que os grandes feitos são evidentes, brilham com luz própria",[42] pontua Hannah Arendt. Como todo herói, Ulisses está por certo convencido disso. Ele realiza grandes feitos justamente para que o esplendor deles se imponha ao poeta e conquiste uma narrativa. Embora não possa controlar a história que resulta de

---

40 H. Arendt, *Tra passato e futuro*, p. 81.

41 Na linguagem arendtiana, o poeta cego, cujo modelo é Homero, indica especificamente a figura do contador de histórias. O contador de histórias não exaure, no entanto, todo o âmbito do poetizar: estudiosa dos poetas desde a juventude, Arendt os cita com frequência e assina com o primeiro marido, Gunther Stern, um ensaio sobre Rilke ("Le elegie duinesi di Rilke", *aut aut*, nº 239-240, 1990, p. 127-144), aprecia a intensidade de Auden e indica em Benjamin um escritor que "sem ser poeta, pensava poeticamente" (*L'omino gobbo e il pescatore di perle. Walter Benjamin 1892-1940*, Milão: Mondadori, 1993, p. 26). (N. A.)

42 H. Arendt, op. cit., p. 82.

suas ações, pode-se afirmar que Ulisses consegue "produzir" a narrabilidade. Não se trata, todavia, de uma "produção" no sentido habitual do termo, que implica uma operação capaz de planejamento e de controle sobre o "produto", mas no sentido da memorabilidade, isto é, da narrabilidade garantida à luminosidade intrínseca das grandes ações. O herói, de fato, busca explicitamente uma fama *imortal*, isto é, a narrabilidade de uma história que se perpetua de uma geração a outra. Bem depois de sua morte, os que vierem saberão *quem* foi Ulisses. A mesma raiz etimológica que liga a fama, "*kleos*", ao nome proclamado em voz alta, "*kledon*",[43] faz coincidir no herói a unicidade do nome próprio e aquela que lhe é assegurada pela fama póstuma da própria história.

Na corte dos feácios, quando se depara com a narrativa da própria história, embora tenha a honra de se tornar "paradigmático tanto pela história quanto pela poesia",[44] Ulisses ainda está vivo e bem. É melhor que o deixemos, então, ao seu humaníssimo choro para nos dirigirmos a outro herói que, ao contrário – embora também chore sem vergonha alguma, como é típico dos heróis –, conseguiu planejar completamente o efeito memorável de sua morte. Trata-se, obviamente, de Aquiles.

Extraordinário desde o nascimento, filho da deusa Tétis e do mortal Peleu, é dado a Aquiles o direito de escolher o seu destino. Entre uma vida longa e obscura e outra breve e gloriosa, ele escolhe a segunda. Por isso, nós o vemos chorar à beira-mar e lamentar que a jovem Briseis, cobiçado espólio de guerra e

---

43 Marcel Detienne, *La scrittura di Orfeo*, Roma-Bari: Laterza, 1990, p. 137. [Ed. bras.: *A escrita de Orfeu*, trad. Mário da Gama Kury, Rio de Janeiro: Jorge Zahar, 1991.]

44 H. Arendt, op. cit., p. 74.

prêmio merecido pelo seu valor, fora-lhe tão desonrosamente roubada. "Mãe, já que me deste à luz para uma vida tão curta,/ honra deveria o Olímpio ter me concedido,/ Zeus que troveja nas alturas. Mas agora em nada me honrou",[45] resmunga então o Pelida. No pacto da escolha, o combinado era glória e vida breve: sua vida seria curta justamente para que fosse límpida a marca da glória e, portanto, a fama imortal que assinalava o seu significado. A célebre ira pela ofensa recebida, assim como o choro lamentoso, tem, portanto, suas razões de ser. De resto, eles servem de estímulo para ações ainda maiores na batalha que se concluía na planície troiana. Assim, no final, tudo retorna: Aquiles morre jovem, no ápice de um grande feito e naquela completa e merecida glória que, de fato, lhe concedeu fama imortal. O *daimon* de Aquiles, paralisado na narrativa homérica de sua história de vida, tornou-se *eudaimon*.

De acordo com Hannah Arendt, perdemos o sentido do antigo ditado que afirma que ninguém pode ser chamado de *eudaimon* antes de morrer. Nós traduzimos *eudaimon* como feliz ou abençoado, mas o termo *eudaimonia* não indica nem felicidade nem beatitude. Em vez disso, a palavra indica

> [...] um estado de graça, mas sem um sentido religioso, e significa literalmente algo como o bem-estar do *daimon* que acompanha cada homem ao longo da vida, que é a sua identidade distinta, mas aparece e é visível apenas aos outros.[46]

Denotando uma espécie de bem-estar da identidade, a *eudaimonia* corresponde a um *estado duradouro*, isto é, a um estado em

---

45 Homero, *Iliade*, trad. Maria Grazia Ciani, Veneza: Marsilio, 1990, I, v. 352-354. [Ed. bras.: *Ilíada*, trad. Frederico Lourenço, São Paulo: Penguin-Companhia, 2013.]

46 H. Arendt, *Vita activa*, p. 141.

que a identidade não está mais sujeita a mudanças. Estado que é, precisamente, impossível em vida, mas que, depois da morte, depois que o fluxo revelador das ações alcança seu termo final, torna-se possível em forma de história. A essência de *quem* alguém é "só pode passar a existir depois que a vida se acaba, deixando atrás de si nada além de uma estória."[47] Essa "identidade imutável da pessoa", que apenas a morte subtrai à mudança, torna cada pessoa um *eudaimon*, entregando-a à própria história.

Aquiles é, portanto, um herói extraordinário porque consegue não apenas ganhar, mas também controlar a sua narração. Ao escolher uma vida breve e gloriosa, sabe que age na proximidade de uma morte iminente: desse modo, no ato supremo de sua autorrevelação, "permanece senhor indiscutível da sua identidade e possível grandeza, pois se subtrai, com a morte, às possíveis consequências e à continuação"[48] – sempre imprevisível e incontrolável – daquilo que começou. Assim, ele é *eudaimon* porque escolhe obter com a morte um estado duradouro da identidade, que, se continuasse a seguir com a vida, se revelaria, ao contrário, um fluxo de mudanças. Resumindo toda a vida "em um único gesto, de maneira que a história da ação termina com a própria vida",[49] Aquiles entrega ao narrador uma identidade pessoal já imutavelmente configurada como uma *essência* do seu *quem*. Evidentemente, ele também precisa de Homero e, por isso, depende do narrador, mas entre os heróis é quem mais se aproxima da situação paradoxal na qual o protagonista de uma história de vida é também seu autor.

---

47 Ibid., p. 141.
48 Idem.
49 Ibid., p. 142.

Portanto, parece que, evidenciado na figura de Aquiles, mas válido para o estatuto da figura heroica em geral, o herói por fim retorna, se não à grande linhagem filosófica do "pensar para a morte", ao menos àquela do "agir para a morte". Tudo isso pertence, como se sabe, ao estatuto do épico, ao pacto que Homero firma com *Mnemosyne*, a Memória, para responder à morte que traz esquecimento. Como escreve Benjamin, "somente uma memória abrangente permite à poesia épica apropriar-se do curso das coisas, por um lado, e resignar-se, por outro, com o desaparecimento dessas coisas, com a violência da morte."[50] Apesar dessa tradição, no horizonte especulativo de Hannah Arendt, a homenagem que a ação heroica concede à morte para conquistar uma memória imperecível nos surpreende muito.

A notável anomalia do pensamento político arendtiano depende de uma mudança radical de perspectiva que consiste em olhar para a categoria do nascimento, e não para a categoria da morte. "Como a ação é a atividade política por excelência, a natalidade, e não a mortalidade, pode ser a categoria central do pensamento político, em contraposição ao pensamento metafísico"[51] é uma de suas célebres sentenças. Ou seja,

> [...] falando em termos de modalidades existenciais, a diferença ou a oposição entre Política e Filosofia equivale à diferença ou à oposição entre Nascimento e Morte, ou, em termos conceituais, à oposição entre Natalidade e Mortalidade. A Natalidade é a condição fundamental de toda vida em conjunto e, por isso,

---

50 W. Benjamin, "Il narratore. Considerazioni sull'opera di Nicola Leskov", *Angelus novus*, 1981, p. 261-262. [Ed. bras.: "O narrador: considerações sobre a obra de Nikolai Leskov", in *Magia e técnica, arte e política: ensaios sobre literatura e história da cultura*, trad. Sérgio Paulo Rouanet, São Paulo: Brasiliense, 2012, p. 227.]

51 H. Arendt, op. cit., p. 8.

de toda a política; a Mortalidade é a condição fundamental do pensamento, na medida em que o pensamento se refere a algo que é não relacionado.[52]

A mesma qualidade exibitiva da ação se enraíza justamente nesse horizonte teórico, o qual faz do nascimento uma cena fenomenológica capaz de conferir à identidade o seu estatuto expressivo, contextual e relacional. Nascimento, ação e narração tornam-se, dessa forma, os cenários de uma identidade que postula sempre a presença do *outro*.

Na verdade, é precisamente a centralidade do nascimento que produz a estreita ligação entre ação e narração. Referindo-se explicitamente à *Poética* de Aristóteles, Arendt destaca muitas vezes como o protagonista da história narrada é *quem* se mostrou nas ações das quais a própria história resultou. De acordo com Roland Barthes, na ideia arendtiana de narração, "o personagem é sempre o agente de uma ação", depende dela e a ela se subordina.[53] Ao contrário do que ocorre no romance moderno – no qual o personagem encarna uma essência psicológica e se torna uma "persona", isto é, "um ser plenamente formado, mesmo no caso em que nada faça e, naturalmente, mesmo antes de agir" –, o herói de uma história, segundo Arendt, é necessariamente aquele que, com atos e palavras, revelou-se *aos outros* ao deixar para trás tal história. A história é subordinada à ação

---

52 H. Arendt, "Philosophy and Politcs. What is Political Philosophy?", texto datilografado inédito, conservado na Library of Congress, Washington (caixa 40, p. 024446), citado por S. Forti, *Vita della mente e tempo della polis*, 1994, p. 127.

53 R. Barthes, "Introduzione all'analisi strutturale dei racconti", in Roland Barthes et al., *L'analisi del racconto*, Milão: Bompiani, 1984, p. 28. [Ed. bras.: "Introdução à análise estrutural da narrativa", in Roland Barthes et al., *Análise estrutural da narrativa*, trad. Maria Zélia Barbosa Pinto, Rio de Janeiro: Vozes, 2013.]

reveladora. Pode-se contar uma história porque antes houve um ator no cenário do mundo.

A história, portanto, é distinta da narração. Tem, por assim dizer, um estatuto de realidade próprio, que se segue à ação e precede a narração. Disso, decorre que todos os atores deixam para trás uma história, ainda que nada garanta, até certo ponto que essa história seja depois contada. Em resumo, segundo Hannah Arendt, embora nunca possa existir uma narrativa sem história, é possível que haja histórias sem narrativa. A história do herói encontra precisamente a sua origem nas ações deste, não na narração épica. A história é uma série de eventos, não um texto. A história do herói é uma série de eventos que, devido à sua iluminada grandeza, se expõem ao trabalho imortalizante do texto.

É justamente nessa função de imortalizar que se encontra o lado problemático da nossa abordagem. Por mais preciosa seja a ideia arendtiana sobre a narração, os seus heróis, como Aquiles, continuam a nos surpreender, ou a nos incomodar, com o seu enamoramento pela morte. Tal ênfase – para dizer a verdade, muito viril – em um desejo que mescla o desafio da morte a uma fama que sobreviva a ela soa como uma homenagem irresistível – e descarada – à tradição patriarcal. A isso, deve-se acrescentar a narrativa autobiográfica de Ulisses, que mantém a atenção dos feácios durante o notável lapso temporal de quatro livros da *Odisseia*. O herói é, de fato, *excessivo* em todas as suas empreitadas. Levado a exaltar-se na ação, ele é capaz de exaltar-se também na autonarração.

Mas, se é assim, quais razões teríamos para privilegiar a narrativa biográfica do aedo cego, deixando de lado completamente a relação entre a identidade de Ulisses e o enfático exercício autobiográfico de sua memória narrativa?

Ao nos emocionarmos com sua emoção, talvez tenhamos deixado escapar algo do choro do herói.

O desejo da narrativa

> *Apresentar a autobiografia como um ato solipsístico significa entregar o si a um mundo mudo e sem vida – um mundo, em última análise, esvaziado tanto pelo si quanto pelos outros. Nele, as diferenças de tempo e de espaço entrariam em colapso na inclusão de uma única consciência que de nada teria para se conscientizar, a não ser de Si Mesma. Não foi precisamente nesse vazio que Narciso se afogou?*
>
> — JANET VERNER GUNN, *Autobiography. Toward a Poetics of Experience*[1]

Há um aspecto crucial do *paradoxo de Ulisses* que Hannah Arendt negligencia. Consiste no fato de que, na corte dos feácios, a narrativa do aedo encontra inesperadamente o desejo de narração do herói. Entre identidade e narração – esta é a nossa tese, já anunciada com Édipo –, há uma tenaz relação de desejo.

Essa produção do inesperado fica mais evidente na circunstância em que Ulisses presencia, incógnito, a narrativa de sua his-

1 Janet Varner Gunn, *Autobiography: Toward a Poetics of Experience*, Filadélfia: University of Pennsylvania Press, 1982.

tória. Embora já tivesse conquistado uma fama que alcança "o alto céu" – e por isso colhesse os frutos da intrínseca memorabilidade das ações do herói –, essa é a primeira vez que escuta sua história narrada, isto é, *se* escuta narrado. Sua presença disfarçada é, assim, pouco mais do que um hábil artifício dramático. Na verdade, é isso que possibilita que o caráter narrável da identidade chegue até Ulisses por meio da narração imprevista de uma história da qual ele é o protagonista, mas não o destinatário. A figura de Ulisses é peculiar precisamente por este aspecto: ele parece ignorar que deseja *aqui e agora* a narrativa da própria história.

Por isso, diante do inesperado realizar-se do seu desejo de narração, Ulisses chora. O relato lhe revelou, a um só tempo, a sua identidade narrável e o seu desejo de ouvir sua narração. Agora ele sabe *quem* é, sabe *quem* expunha ao agir, mas sabe também que era a sua identidade narrável que o fazia realizar grandes ações pelo desejo de ouvi-la *pessoalmente* ser narrada por outro. Para ele, agora ficou claro que o estatuto de narrabilidade pertence com plenos direitos ao existente humano, que é único: pertence a ele como um aspecto irrenunciável da sua vida, não como a garantia de uma fama *post mortem* que vê na posteridade os destinatários do relato.

Assim, podemos completar a fórmula, tomada de Nancy, que define o existente. Exatamente porque ele é o que se expõe, é também o narrável. Estamos falando da unicidade irrepetível de cada ser humano. Estamos falando de *quem* é Ulisses, porque é por isso que, ao ouvir sua história ser contada, ele chora. O *paradoxo de Ulisses* vale, na verdade, não apenas para o herói, mas para todo ser humano em sua encarnada e irrepetível unicidade. Como já mencionado, o herói tem simplesmente o privilégio de uma cena de aparição espetacular, o que lhe assegura, ao mesmo tempo, uma alta probabilidade de narração. O herói, em outras palavras, é a figura hiperbólica da unicidade que pertence aos dois lados distintos, mas *consequentes*, do agir e do deixar para trás uma história.

Nossa tese, no entanto, é que, ao contrário de Aquiles, o Ulisses que chora pode prestar-se a uma leitura que renuncie a focalizar a clássica relação entre a ação heroica e a morte. De fato, se em seu aspecto propriamente heroico Ulisses é aquele que realiza grandes ações movido pelo desejo de "produzir-lhes" uma narrativa imortal, em seu aspecto de ouvinte comovido da narrativa biográfica ele é, ao contrário, aquele que *descobre* ser improcrastinável o seu desejo de narração. A diferença entre as duas hipóteses é notável. Porque, na primeira, o desejo orienta a ênfase da ação sobre o espectro da morte, enquanto na segunda o desejo se orienta no *aqui e agora* da narração. Em outras palavras, há uma diferença substancial entre o desejo de deixar a própria identidade à posteridade na forma de um relato imortal e o desejo de ouvir *em vida* a sua história ser contada.

Assim é que, depois do choro que acompanha a narrativa do aedo, a recente descoberta do desejo de ouvir sua história narrada estimula Ulisses a construir-se em uma narrativa autobiográfica imponente. Biografia e autobiografia ligam-se uma à outra em um único desejo. O caso de Ulisses na corte dos feácios, ainda que seja absolutamente especial, faz parecer que uma história de vida, embora encontre sempre no *outro* o seu narrador mais adequado, não seja de todo estranha ao protagonista, ao contrário do que Hannah Arendt quis nos fazer acreditar.

Hannah Arendt parece, na verdade, negligenciar aquele fenômeno conhecido, pelo qual, sem esforço nem intenção, em todas as épocas e circunstâncias, percebemos a nós mesmos e aos outros como seres únicos cuja identidade é narrável em uma história de vida. Cada um de nós sabe que quem encontramos sempre tem uma história única. E isso é válido mesmo quando encontramos alguém pela primeira vez, sem conhecer nada de sua história. Antes disso, para todos nós é familiar o trabalho narrativo da memória, que, mesmo de forma involuntária, está sempre nos contando a nossa história pessoal. Cada ser humano, ainda que não deseje saber, sabe que é um *ser narrável* imerso na autonarração espontânea da própria memória. A memória pessoal não é explicitamente solicitada em seu exercício autobiográfico, isto é, a memória involuntária não cria uma recordação ativa: aquilo em que o si narrável se acomoda, mais do que um exercício consciente de reelaboração da lembrança, é a estrutura da narração espontânea da própria memória. Por isso, definimos o si como *narrável*, e não *narrado*. No limite, de fato, os conteúdos particulares, isto é, os pedaços de história que a memória narra com seu típico e incontrolável método de intermitência e esquecimento, não são essenciais. Ao contrário, é essencial a experiência familiar de uma narrabilidade do si que, não por acaso, sempre percebemos no outro, mesmo quando não sabemos nada de sua história.

Em outras palavras, na experiência pessoal, o si narrável é, ao mesmo tempo, o sujeito transcendental e o objeto inalcançável de todos os exercícios autobiográficos da memória. Além disso, sujeito e objeto, aqui, são termos equivocados. Seria preciso, na verdade, limitar-se a dizer que cada um de nós *vive-se* como a própria história, sem poder distinguir o *eu* que a narra do *si* que é narrado. Trata-se, no entanto, de uma espécie de *recordação circular* que, em vez de ser chamada, simplesmente vem,[2] em perfeita e total familiaridade. Por isso, definimos o si narrável como algo *familiar*. A acepção grega do termo, "*oiketes*", sugere que a memória narrativa é a própria casa do si, por assim dizer, a demora inalienável do seu *habitar-se recordando-se*. Nas palavras de Lyotard: "o sabor singular de estar aqui (este *gosto*) que é ontológico [e que] deriva, talvez, apenas do fato de recordar-se."[3]

---

2 Aqui, parafraseio livremente uma expressão de Roland Barthes em *Il piacere del testo*, 1975, p. 35. (N. A.)

3 Jean-François Lyotard, *Letture d'infanzia*, Milão: Anabasi, 1993, p. 72.

O si narrável, como aspecto constitutivo da unicidade, não é, portanto, o fruto de uma experiência íntima e separada, ou seja, o *produto* da nossa memória. Não é nem o êxito fantasmagórico de um projeto, nem o protagonista imaginário de uma história que desejamos ter. Não é uma *ficção* que possa se distinguir da *sua realidade*. Ele é, em vez disso, o sabor familiar de cada si na distensão temporal do seu consistir em uma história de vida que é esta, e não outra. Isso se eleva a um princípio geral: porque, à experiência pela qual o *eu* é de imediato, no sabor irreflexo do existir, o *si* da própria memória narradora, corresponde a percepção do outro como o *si* de sua própria história. Não importa se essa história do outro seja conhecida em detalhes ou seja de todo ignorada: o outro / a outra tem uma história de vida, e é uma identidade narrável cuja unicidade consiste também, e sobretudo, nela. Corrigindo Hannah Arendt, diremos, então, não apenas que *quem* nos aparece se mostra único na forma corpórea e no som de sua voz, mas este *quem* também é percebido por nós como um si narrável com uma história única.

Quem encontramos é, portanto, um si narrável, ainda que nada saibamos de sua história. Resumindo: o outro é sempre um si narrável a prescindir do *texto*. Aqui, não importa se o texto é escrito ou oral, se vem do relato ou da fofoca, do conhecimento direto ou da imaginação. A estranha possibilidade de prescindir do texto significa simplesmente que não é necessário conhecermos a história para saber que o outro é um ser único cuja identidade está enraizada nela.

A não essencialidade do texto vale também, e sobretudo, para a memória pessoal. Cada um de nós – sem sequer desejar saber – sabe-se narrável mesmo quando não se esforça para recordar os episódios de sua vida ou é surpreendido pelo trabalho incontrolável da memória. Para cada ser humano, o próprio si narrável tem um sabor singular, mais familiar em uma história sem texto, isto é, em uma atitude narrativa da memória, que não cessa nem mesmo quando a própria memória se abstém de contar "alguma coisa". Afinal, até quando a memória trabalha na narração de "alguma coisa", a sua narrativa é muda e *condensada*, ou melhor, é a condensação silenciosa de um episódio que pressupõe uma história de vida inteira, como se esta fosse sempre inteiramente presente, ou mesmo irreflexivamente saboreada, em qualquer ponto do recordar-se.

Embora esteja imerso nesse relato, o si narrável não é, no entanto, o *produto* da história de vida que a memória lhe narra: não é, como diriam os especialistas em narratologia, uma construção do texto, ou seja, o efeito do poder performativo da narração. Ele coincide, em vez disso, com a incontrolável pulsão narrativa da memória que produz o texto e que o próprio texto captura. Como sabemos, os conteúdos desse texto são necessariamente descontínuos, fragmentários, efêmeros e até mesmo casuais, porque descontínuo, fragmentário, efêmero e casual é o trabalho de tessitura da memória. Mas o sabor familiar do si narrável não é de forma alguma um resultado do próprio texto nem está na construção da história. Está, em vez disso, em uma pulsão narradora que nunca está em potencial, mas sempre em ato, mesmo quando se abstém do "produzir" recordações ou do "reproduzir" acontecimentos.

O estatuto ontológico do si narrável, portanto, distingue-se do texto de sua história, ainda que se mescle a este irremediavelmente. Tal distinção não é nem separação nem autossuficiência, porque o si não pode estar em esplêndido isolamento, sem e para além do texto de sua história. Não é, contudo, uma coincidência perfeita, porque o texto da história não é essencial ao saborear-se do si como narrável. Em outras palavras, através do saber irrefletido do saborear-me, eu sei que tenho uma história e que consisto nessa história mesmo quando não paro para recontá-la, "revivendo" com a memória alguns episódios por meio de uma espécie de monólogo interior. Contudo, eu não poderia saber-me narrável se já não estivesse desde sempre entremeada no texto autobiográfico dessa história. Tal entremear-se é de fato irremediável e chega irremediavelmente ao si como uma experiência de reificação. O efeito de uma história de vida, qualquer que seja a forma da sua narrativa, consiste sempre em uma reificação do si, que cristaliza a imprevisibilidade do existente.

Na história autobiográfica que episodicamente – e, muitas vezes, sem intencionalidade – a memória narra, o si narrável encontra-se, então, sempre reificado. Tornando-se na história *aquele que já foi*, o si pode, assim, recuperar a identidade constitutiva mundana e relacional da qual a própria história resultou. A identidade do si, cristalizada na história, é totalmente constituída pelas relações do seu aparecer aos outros e no mundo, porque, também no estatuto literário da autobiografia,

> [...] a história narrada por meio da convenção da primeira pessoa é sempre uma história que descobre, e ao mesmo tempo cria, a relação do si com o mundo no qual o si aparece aos outros, podendo conhecer-se apenas em tal aparição ou exibição.[4]

A história de vida de alguém sempre resulta de uma existência que, desde o início, o expôs ao mundo, revelando sua unicidade. Apenas no caso improvável de uma vida passada em perfeita solidão, no deserto e sem olhares, a autobiografia de um ser humano poderia contar a absurda história de uma identidade não exposta, sem relações e sem mundo. O existente é o exponível *e* o narrável: nem a exponibilidade, nem a narrabilidade, que juntas constituem a sua unicidade peculiarmente humana, podem

---

4 J. V. Gunn, *Autobiography. Toward a Poetics of Experience*, Filadélfia: University of Pennsylvania Press, 1982, p. 141.

ser tomadas dele. Quem se expõe gera e é gerado pela história de vida – esta, e não outra – que resulta de tal exposição. A memória pessoal, intencionalmente ou não, pode mesmo prosseguir esquecendo, reelaborando, selecionando e censurando os episódios da história que narra. Todavia, ela raramente *inventa* como o fazem os criadores de histórias. A memória pessoal não é uma autora profissional.

Assim, Hannah Arendt tem razão ao afirmar que as histórias de vida nunca têm um autor. Biográficas ou autobiográficas, elas resultam de uma existência que pertence ao mundo na forma relacional e contextual do expor-se aos outros. A história de vida que a memória conta a cada um, com o seu procedimento típico e pouco confiável, é, dessa forma, sempre a história que cada existente deixou para trás e que, todavia, continua a permanecer em seu sabor familiar de estar aqui. Ainda que seus conteúdos precisos não sejam essenciais ao estatuto do si narrável, não há si narrável que já não esteja, desde sempre e para sempre, imerso nesses conteúdos e nesse texto autobiográfico. Em outros termos, por mais que o texto não seja essencial à narrabilidade do si, o seu jogo de reificação é inevitável e necessário, assim como é necessário e inevitável que *eu* seja sempre o *si* da minha memória com sabor de um enigma tão familiar.

Tal necessidade torna-se evidente, por exemplo, no caso de amnésias traumáticas. O desafortunado que percebe que esqueceu sua história não sabe, realmente, *quem* é e por que perdeu, de maneira tão radical, o *texto* de sua identidade. Todavia, ele não tem dúvida de que é um si narrável, isto é, não *esqueceu* de maneira alguma que o estatuto de narrabilidade – o seu gosto irrefletido por recordar-se – pertence ao existente. Nem esqueceu que aqueles que o circundam têm uma identidade porque têm uma história. Ao contrário, sabe que perdeu a sua identidade junto com a sua história, justamente por saber que todos têm uma história. Por ser *vítima* de uma amnésia, ele se encontra, assim, na situação de ser alguém que se tornou, de repente, ninguém, porque lhe restou apenas uma espécie de mera vida empírica sem história. A identidade que se materializa em uma história de vida não tem, na verdade, nenhum futuro que seja propriamente *seu*, a não ser que tenha um passado no presente de sua memória. Além disso, trata-se de um existente único que se esqueceu até mesmo do *próprio* nome. Ao seu si narrável, percebido como não naturalmente separado do texto, também falta, assim, o nome do herói de cuja história se esqueceu.

Dessa maneira, é natural que o desmemoriado busque na lembrança de outros o texto perdido. Fazendo com que outros lhe contem sua própria história, ele, na verdade, está procurando emendar o seu si narrável à história na qual estava constitutivamente entrelaçado. Está tentando se emendar ao *seu ter sido aquele que está* na história de vida entrelaçada às histórias de outros na cena exibitiva e relacional do mundo. Até que a memória não *retorne*, tal texto, narrado por outros, tem, contudo, o aspecto de uma total e irresidual reificação que nem compreende, nem consola. Até que o texto não reconquiste a sua mescla original com a narrabilidade do si, este tem precisamente aquele valor performativo tão caro à teoria pós-moderna, ou seja, acaba produzindo uma identidade à qual o desmemoriado é obrigado a ligar-se apenas externamente: sem reconhecer o seu sabor. Além disso, ele é infeliz justamente porque é um si narrável, o qual, ao perder sua história, perdeu a identidade que nela consiste. Ninguém pode, portanto, restituí-la ao narrar o texto no qual tal identidade é totalmente reificada como uma essência do seu *quem*. Além de ser de todo suportável em seu efeito reificante, o texto é, na verdade, não essencial apenas para quem continua a estar imerso na narrativa de sua memória.

Assim, há uma notável diferença entre o infeliz desmemoriado e o Ulisses do nosso paradoxo. Tanto o primeiro deseja desesperadamente que a memória volte a lhe contar a sua história quanto o segundo se surpreende pelo seu desejo de ouvi-la ser contada por outrem. Autobiografia e biografia, embora sejam gêneros diversos do relato, parecem não poder ser dissociadas uma da outra na economia de um desejo em comum. Mas o que precisamente tal desejo deseja?

Deseja, obviamente, a narrativa, mas sobretudo a unidade em forma de história que ela confere à identidade. Deseja a sua cegonha. Depois de, por muitas linhas, termos apreciado a categoria arendtiana da unicidade, não podemos cair no erro arendtiano de negligenciar a categoria da unidade. A raiz etimológica que aproxima os dois termos é um indício inevitável. Desde o início, a *unicidade* anuncia e promete à identidade uma *unidade* à qual o si não está disposto a renunciar.

Trata-se de uma promessa que desponta da realidade elementar do existente, e não, em vez disso, da promessa duvidosa que há séculos o "sujeito" se deixa entrever. Para citar Nancy, a possibilidade de um pensamento do *um*, do qualquer *um*, do existente singular é, na verdade, "aquilo que o sujeito anuncia, promete, e ao mesmo tempo apaga".[5] Em outros termos, embora jure que vale por cada *um* que seja um ser humano – que seja racional e pensante, como diriam os especialistas –, o sujeito se deixa capturar pelo fascínio de uma universalidade que o torna substância. A fragilidade de cada *um* é, assim, inevitavelmente sacrificada às glórias filosóficas do Um. O *um* que está na unicidade é, ao contrário, tal, porque desde o nascimento ele aparece, vem e se apresenta indefinidamente até a sua morte, e sua unidade nunca se torna uma substância.

Única e *una* é sempre, na verdade, a criança que nasce. Na cena natal, a unidade do recém-nascido é materialmente visível e incontestável em sua flagrante aparição. Que não pode, por-

---

5 J.-L. Nancy, "Introduction", in Eduardo Cadava et al. (orgs.), *Who Comes After the Subject?*, Nova York; Londres: Routledge, 1991, p. 4 e 7.

tanto, ser absolutamente definida como descontínua: pois o tempo ainda não existe, embora logo comece a correr. Judiciosamente, esse existente que *acaba* de existir, uma vez que acaba de se mostrar, escapa assim a toda perspectiva pós-moderna porque não pode ser pensado dentro de uma filosofia da fragmentariedade e da excentricidade. Único e imediatamente expressivo na totalidade tão frágil do seu expor-se, o recém-nascido tem a sua unidade justamente nessa autoexposição total e nua. Tal unidade é já uma identidade física, visivelmente sexuada, e, de modo particular, perfeita por não ser ainda qualificável.

A despeito da reticência arendtiana sobre esse ponto, deve-se certamente afirmar que, nascendo, aparece sempre no mundo um *quem* sexuado. Nasce sempre este menino ou esta menina, ainda que à absoluta nudez que se expõe corresponda a absoluta ausência do *o que*. Porque precisamente desse *o que* o existente está nu no momento do seu ingresso no mundo, não porque se exponha no início como "vida nua". A diferença sexual não *qualifica* esse existente, não especifica o seu *o que*, mas, em vez disso, encarna a unicidade desde o seu aparecimento inaugural. Quem nasce ainda não tem qualidades, e, no entanto, já tem um sexo. De outra forma, como poderia dizer-se ter "este, e não outro" desde o nascimento e em todos os meses de sua vida? "Existe uma espécie de gratidão subjacente por tudo aquilo que é do jeito que é; pelo que foi *dado* e não foi *feito*",[6] escreve, por fim, Hannah Arendt em uma carta a Scholem, incluindo o seu ser mulher entre os dados indiscutíveis de sua vida. *Quem* se mostra, o existente como exponível, desde o nascimento tem, então, um sexo porque é como é.

Todavia, a coincidência entre unidade e identidade no *quem* nu e ainda não qualificável é aqui, na cena natal, apenas o milagre

---

6 H. Arendt, *Ebraismo e modernità*, 1986, p. 222. Sobre isso, ver Françoise Collin, "Pluralità Differenza Identità", *dwf*, nº 26-27, 1995, p. 88ss. (N. A.)

do início. Porque *logo*, justamente, o tempo começa a correr e a existência do recém-nascido, que prossegue a sua exposição no tempo, torna-se a sua história. No curso desse tornar-se, ou seja, da sua exibição ao tempo que se torna o [curso] da existência, a unidade do *quem*, obviamente surgida no nascimento, passa assim – como um legado daquele primeiro anúncio – à estrutura narrativa da memória como o sabor da própria narrabilidade. E, todavia, não *logo* pela nossa recordação, ainda que logo comece o tempo da nossa história.

De fato, é desmembrada de seu primeiro e fundamental capítulo a história de vida que nossa memória nos conta. A unidade do si, que estava no milagre do nascimento como uma promessa da unicidade nua, já está irremediavelmente perdida quando o mesmo si começa a se lembrar. Tal perda da unidade se traduz na falta que alimenta o desejo.

Se cada um é quem nasceu, desde o início e com uma promessa de unidade que a história herda daquele início, nenhuma narrativa de uma história de vida pode escapar desse início do qual a própria história começou. O relato do seu início, o relato do seu nascimento, só pode, contudo, chegar ao existente na forma da narração de outros. O início do si narrável e o início de sua história são, desde sempre, uma narrativa feita pelos outros. Como bem o sabe o infeliz Édipo, que por nada no mundo quis renunciar a tal narrativa. Édipo é, portanto, especial apenas pela sua desventura, pois não há ser humano no mundo que não perceba que essa é uma narrativa irrenunciável. De tal forma que, no espaço de tal irrenunciabilidade, às vezes encontra em seu papel suplementar uma espécie de prova analógica.

Por meio dela, fazendo-se espectador do nascimento de outro, o si pode se surpreender ao imaginar, por analogia, o evento do seu nascimento.

A prova, todavia, limita-se à superfície do problema. A unidade familiar ao si narrável continua a se mostrar como o legado de uma promessa cuja satisfação está relacionada à narração de outros. A primeira infância também, justamente, cai nesse tipo de narrativa. Assim, podemos entender por que a infância é muitas vezes culturalmente descrita como uma perda. Na verdade, a infância não apenas é aquilo que "a vida adulta perdeu, um estado tardiamente reconhecido",[7] mas também algo que faz a memória pessoal ser inevitavelmente obrigada a registrar a perda. A memória autobiográfica conta sempre uma história da qual falta o início. É necessário recorrer à narrativa dos outros para que a história comece de onde começou, e é justamente o relato irrenunciável desse primeiro capítulo que o si narrável vai buscar crucialmente com toda a obstinação do seu desejo.

"Sou de Laertes o filho, Odisseu", respondeu Ulisses ao rei dos feácios. Talvez sem sequer sabê-lo – como ocorre a muitos –, ele estava reciclando em tom autobiográfico o início de uma história que outros haviam lhe contado, estava reproduzindo um texto composto por outros. Ao começar do nascimento, a autobiografia é, de fato, sempre a refabulação da narrativa de outros. Mas é precisamente do nascimento que ela deseja começar, porque aquilo que a sustenta é o desejo de unidade que apenas a narração pode oferecer de maneira tangível. Tal unidade é a história de alguém narrada do início ao fim ou, pelo menos, do início até aqui. Em outras palavras, a identidade de um ser único tem uma só unidade tangível – a unidade que como único ele vai buscando – na narrativa de sua história.

Assim, pode-se supor um possível compromisso, na forma de uma judiciosa montagem, entre biografia e autobiografia. É como dizer: o meu nascimento, a primeira infância e a minha morte dependem da narrativa de outros; no meio disso, está a autonarração em primeira pessoa. Mas essa não é a questão. A questão é que, em todo caso, não basta ao si narrado a história de vida que a sua memória lhe conta. Não tanto porque a

---

7 Carolyn Steedman, *Past Tenses*, Londres: Rivers Oram Press, 1992, p. 140.

memória procede como uma narradora volúvel e descontínua, nem mesmo porque o demônio da autointerpretação produz textos mitobiográficos, mas porque a memória finge ter visto o que, ao contrário, se revela apenas ao olhar do outro.

A memória de todo ser humano é caracterizada por esse erro estrutural que a torna traiçoeira. Ela se dobra no olho do outro e finge ter visto o *daimon*, isto é, a identidade de quem se mostra, sem que o próprio agente possa ver, ou conhecer, ou dominar *quem* está expondo aos olhos dos outros. Como no caso de Édipo – embora por equívocos menos trágicos –, a memória pessoal continua, assim, a contar a todos uma história falsa: uma que, embora tenha o mérito de oferecer conteúdos mundanos ao si narrável, falsifica seu posicionamento prospectivo. Em seu silencioso exercício autobiográfico, a memória pessoal faz do si narrável um Narciso. Portanto, são de todo vãs as suas promessas de veracidade, e vã é a verdade do célebre "pacto autobiográfico" teorizado por Lejeune, segundo o qual quem escreve a própria história não diz a verdade sobre si mesmo: em vez disso, afirma dizê-la.[8] Como em um impossível jogo de espelhos, aqui o si é, na verdade, ator e espectador em uma só pessoa, narrador e ouvinte. É o protagonista de um jogo que celebra *o si como um outro*, justamente porque fica pressuposta a ausência de um outro que seja verdadeiramente *um* outro. Nesse sentido, fazendo coincidir o *auto*, o *bios* e o *graphein*, o si, na verdade, conquista para si uma unidade absoluta e autossuficiente. Todavia, não se contenta com isso, porque saboreia espontaneamente sua ilusão.

---

8 Philippe Lejeune, *Il patto autobiografico*, Bolonha: il Mulino, 1986, p. 33. [Ed. bras.: *O pacto autobiográfico: de Rousseau à internet*, trad. Jovita Maria Gerheim Noronha e Maria Inês Coimbra Guedes, Belo Horizonte: Editora UFMG, 2008.]

Exponível e ao mesmo tempo narrável, o existente sempre se constitui na relação com o outro. Com toda a inimitável sabedoria de um sabor familiar, sabe que é uma unicidade irrepetível, mas não sabe *quem* é, nem *quem* expõe. Sabe que é uma identidade narrável, mas também sabe que apenas outro pode emendar a falácia do impulso autobiográfico. A unidade do desejo, ou seja, a unidade confiada ao relato que todos desejam, não é nem um aspecto da consciência, nem um tema da introspecção. É, em vez disso, o objeto irrefletido de uma disposição do desejo *pela* unidade de si na forma do relato.

Em um âmbito muitíssimo interessante da filosofia contemporânea (MacIntyre e Ricoeur, para citar alguns nomes), o sentido da identidade é reconduzido à "unidade de uma narração encarnada em uma vida singular"[9] ou à "componente narrativa da compreensão de si".[10] Ao refletir sobre o *si narrável*, estamos tentando fazer uma interlocução com essas posições em relação à temática da identidade como *unidade*. A nossa filosofia da narração é atraída, contudo, particularmente pelo entrelaçamento dessa temática com a inessencialidade do texto. A tal propósito, a referência a Hannah Arendt, mais uma vez, torna-se decisiva.

Na verdade, a surpreendente negligência arendtiana do texto é de todo coerente com a importância da narração biográfica que essa autora tematiza. Em outras palavras, pela ótica arendtiana, o problema da narração nunca se configura como uma questão narratológica, ou seja, não implica um estudo,

---

9 Alasdair MacIntyre, *Dopo la virtù*, Milão: Feltrinelli, 1988, p. 261. [Ed. bras.: *Depois da virtude: um estudo sobre teoria moral*, trad. Pedro Arruda e Pablo Costa, Campinas: Vide Editorial, 2021.]

10 Paul Ricoeur, *Sé come un altro*, Milão: Jaca Book, 1993, p. 257. [Ed. bras.: *O si-mesmo como outro*, trad. Ivone C. Benedetti, São Paulo: WMF Martins Fontes, 2014.]

focalizado no texto narrativo, que analise seu estilo ou sua estrutura semiótica. Em vez disso, esse problema diz respeito – *exclusivamente* e na total indiferença em relação ao texto – à complexa *relação* que vem a se criar entre cada ser humano, a sua história de vida e o narrador dela. Que tal história de vida seja um texto escrito ou um relato oral, que tenha mais ou menos dignidade literária, que seja mais ou menos classificável dentro dos cânones disciplinares do gênero biográfico tornam-se, assim, questões supérfluas.

Hannah Arendt nos ajuda, além disso, a reverter aquele movimento crucial, do *externo* ao *interno*, que caracteriza a concepção moderna do si.[11] Disposta de modo preconcebido, assim como Descartes, à perda do mundo, a modernidade desloca o foco de sua perspectiva do próprio mundo para o indivíduo, do público para o privado, da objetividade do aparecer à interioridade do sujeito.[12] Hannah Arendt, no entanto, faz o movimento inverso. O resultado do gesto arendtiano, contudo, não consiste em uma espécie de retorno ao pré-moderno, nem a uma nostálgica retomada da Grécia. Consiste, em vez disso, na anômala noção de um si, expressivo e relacional, cujo estatuto de realidade é sintomaticamente externo, pois depende seja do olhar, seja do relato do outro. Também o papel totalmente moderno da memória pessoal – ou seja, a autobiografia como construção íntima de um si que narra a si mesmo –, portanto, desaparece. De fato, para o nosso gosto, ele desaparece na teoria arendtiana drasticamente demais, porque deixa sem exame a reciprocidade da cena narrativa e a sua dinâmica de desejo.

---

11 Charles Taylor, *Radici dell'io. La costruzione della identità moderna*, Milão: Feltrinelli, 1993, p. 231-251. [Ed. bras.: *As fontes do self: a construção da identidade moderna*, trad. Adail Ubirajara Sobral e Dinah de Abreu Azevedo, São Paulo: Edições Loyola, 1997.]

12 H. Arendt, *Vita activa*, 1989, p. 187ss.

Na verdade, no horizonte arendtiano, a nossa tese se limita a acrescentar a centralidade desse desejo. Em resumo, cada um busca na história, narrada por outros e por si mesmo, aquela unidade da própria identidade que, em vez de ter uma realidade substancial, pertence apenas ao seu desejo. Este orienta sejam as expectativas de quem é narrado, seja o trabalho de quem narra. Para Hannah Arendt, são fatos que, "embora essa identidade inalterável da pessoa se revele de modo intangível na ação e no discurso, só se torna tangível" na biografia, e que "a essência de *quem* alguém é só pode passar a existir quando a vida se acaba, deixando atrás de si nada além de uma estória."[13,14] Mas também é verdadeiro que a narração, mais do que traduzir em palavras a unidade manifesta e "objetiva" do protagonista, a pressupõe e a entrevê na história que este deixou para trás.

Por outro lado, também não se trata aqui de tematizar o problema da "objetividade" do relato. Qualquer que seja o grau de fidelidade invocado pelas intenções e o arquivo documental que possua, o relato, como se sabe, seleciona, corta, dispõe. O biógrafo tem sempre uma perspectiva que exclui outras e muitas vezes desenha a unidade do protagonista com a construção de um romance que não ousa declarar-se como tal, diria Roland Barthes.

É justamente a centralidade do texto, teorizada por Barthes, que fundamenta a crítica contemporânea que vê na biografia, e sobretudo na autobiografia, as estratégias de construção retórica do si. A narração literária ou o romance, segundo estilos

---

13 Ibid., p. 141.

14 Na tradução para o português de *A condição humana*, de Arendt, optou-se pelo termo estória para designar narrativa. No entanto, tanto em italiano quanto em português, essa distinção — presente em inglês entre *story* (narrativa) e *history* (campo de saber) — não existe. Por isso, na tradução do texto de Cavarero, manteve-se apenas o uso de "história/narrativa/relato/conto", seguindo as variações do original. A palavra estória aparece apenas nas citações das traduções de Arendt. (N. T.)

mais ou menos obrigatórios, tornam-se o modelo implícito para toda *escritura* de uma história de vida. Nessa perspectiva de inspiração barthesiana, a escritura, portanto, não coloca em palavras a essência de *quem* alguém efetivamente é ou foi; em vez disso, produz textualmente e artificialmente a sua identidade. O resultado é que a decisão de tomar a escritura como paradigma, fazendo de toda linguagem um texto, possibilita que todo existente "real" seja definido pelo seu ser extratextual e extradiscursivo. Assim, o texto e, mais ainda, a forma tradicional dos gêneros biográfico e autobiográfico superam a vida. Carolyn Heilbrun pode, dessa maneira, declarar que

> [...] as vidas não fornecem os modelos, mas as histórias. E é difícil construir histórias às quais as vidas se adequam. Podemos apenas renarrar e viver de acordo com as histórias que lemos e sentimos. Nós vivemos a vida através dos textos.[15]

A primeira consequência dessa perspectiva é que, engolindo a vida, o texto corre o risco de engolir também a unicidade irrepetível do existente. Textos onívoros, esfomeados de vida e prontos a se oferecer como réplicas mais dignas de uma corporeidade excessivamente humana, parecem de fato os textos que boa parte da mais refinada teoria pós-moderna adora. Não ousaremos exclamar com Donna Haraway que, "se são apenas textos, devolva-os aos homens",[16] mas, de qualquer forma, com prudência, estamos mantendo isso em vista ao atravessarmos o tema do desejo. Trata-se precisamente de um desejo de unidade

---

15 Carolyn G. Heilbrun, *Scrivere la vita di una donna*, Milão: La Tartaruga, 1990, p. 37.

16 Donna Haraway, *Manifesto cyborg*, Milão: Feltrinelli, 1995. [Ed. bras.: "Manifesto ciborgue", in *Antropologia do ciborgue: as vertigens do pós-humano*, org. e trad. Tomaz Tadeu, Belo Horizonte: Autêntica, 2009.]

que pede à narração dos outros *ser reconhecido como desejo*. O biógrafo responde a isto: quaisquer que sejam as qualidades artísticas e os conteúdos do seu relato, quaisquer que sejam as intenções e as estratégias retóricas da sua narração, qualquer que seja o texto que inevitavelmente a sua narração produza.

Desse ponto de vista, o texto que coloca em palavras uma biografia de caráter descontínuo e fragmentário (talvez de modo a fazer, "pós-modernamente", um esforço para que não se pareça em nada com uma história) também acaba por não conseguir fugir à unidade que, *escutando* o relato com a orelha do seu desejo, o si narrável lhe confere. Nosso Ulisses é um exemplo disso. Embora o aedo cego até possa ser definido antecipadamente como pós-moderno no módulo de múltiplas perspectivas do estilo narrativo que é típico de Homero, na verdade Ulisses não descobre *quem* é na representação instantânea de suas ações singulares, mas no relato de sua história de vida. Para citar de novo Hannah Arendt, aquilo que o relato do aedo *significa* e "põe em palavras é a história, *não* é nem o próprio ato, *nem* o agente."[17]

Uno pela estrutura narrativa familiar da memória, o si narrável que escuta a própria história transfere essa unidade irrefletida também na mais evidente fragmentariedade do texto. De resto, em primeiro lugar, é justamente a pulsão autobiográfica da memória que produz textos descontínuos e fragmentários, traiçoeiros e elusivos, que, todavia, ninguém nunca trocou pela história de outrem – como, ao contrário, ocorre nos magníficos jogos textuais de Jorge Luis Borges. Tal certeza cotidiana do si ao saborear-se como "este, e não outro" continua a resistir, seja ao gosto inimitável da invenção borgiana, seja às mais refinadas bajulações da teoria contemporânea, que se obstinam a impor-lhe o prazer, se não o dever, de uma infinita dissolução em sua alteridade *interna* e multíplice.

---

17 H. Arendt, *La vita della mente*, 1987, p. 222.

De forma significativa, com essa resistência espontânea – que parece, à primeira vista, basear-se na banalidade desprovida de bom senso –, o si narrável acaba por prestar um bom serviço também à filosofia. Esta deveria ser mais cautelosa ao brincar com o jogo infinito do *outro*. Ao se obstinar a transportar para a intimidade do si a categoria da alteridade, a filosofia pós-moderna produz a inevitável consequência de impedir toda nomeação séria do outro como *um* outro.

Como nos ensina Hannah Arendt, um ser único é tal apenas na relação e no contexto de uma pluralidade de outros que, também únicos, distinguem-se reciprocamente *uns dos outros*. A história de um ser único nunca é, obviamente, a história monótona e monolítica de um *idem*, e, no entanto, é sempre a história imprevisível e multivocal de um *ipse*.[18] Embora mude no curso de sua vida e de sua história – a tal ponto de não nos parecer e não se sentir mais o mesmo –, tal *ipse*, como Édipo, é "este, e não outro" do início ao fim de sua vida e de sua história.

Demonstramos como Ulisses se diferencia de Aquiles porque este último escolhe confiar à morte a essência de sua identidade condensada perante a grandeza definitiva de sua ação heroica. Também a *eudaimonia*, que de tal forma Aquiles assegura, é, portanto, uma extraordinária manifestação do seu desejo de unidade entregue diretamente ao relato. O exemplo de Aquiles é, assim, precioso para esclarecer outro lado da questão. Sua capacidade de resumir toda a sua vida "em um único gesto, de maneira que a história da ação termina com a própria vida", exemplifica como a unidade do si pode depender também de um só ato. Em

---

18 De acordo com Paul Ricoeur, a hermenêutica do si se dá pela dialética entre ipseidade (ipse), isto é, um atributo próprio e característico do ser, e mesmidade (idem), de maneira que a história de cada sujeito se constitua a partir de um jogo entre mudanças e diferenças que permanecem ao longo do tempo. (N. T.)

outras palavras, o desejo de unidade que o si narrável manifesta às vezes se traduz na convicção de que existe um momento no qual pode ser resumido todo o destino, isto é, a história inteira.

No conto "Biografia de Tadeo Isidoro Cruz", Borges escreve que "qualquer destino, por longo e complicado que seja, consta da realidade de *um único momento*: o momento em que o homem sabe para sempre quem é."[19] Fiel a esse princípio, Borges não nos relata todas as noites de Isidoro, mas apenas "a noite em que por fim viu sua própria face, a noite em que por fim escutou seu nome. Bem entendida, essa noite esgota sua história; ou melhor, um instante dessa noite, um ato dessa noite."[20]

Trata-se do instante em que Isidoro compreende *quem* é pelo outro e de repente vai para a batalha ao lado de um inimigo – o outro que o enfrenta com armas em punho – porque compreende "que o outro era ele".[21] Mediante uma curiosa torção da regra arendtiana que torna a identidade do *quem* dependente do olhar do outro, Borges, então, não renuncia ao deslocamento perspectivo do si no jogo especular, tão caro a ele, do duplo. Para além dessa sintomática invenção narrativa, o conto de Isidoro tem, todavia, algo em comum com o de Aquiles. Ilustra como uma única ação pode resumir toda uma história de vida. Como um indício bastante óbvio, evidencia, assim, um desejo de unidade do si que prefere a síntese. Na verdade, nenhuma identidade pode conquistar uma unidade melhor do que aquela que se condensa na narração de um único gesto do herói.

---

19 Jorge Luis Borges, *Tutte le opere*, Milão: Mondadori, vol. 1, 1985, p. 810. [Ed. bras.: *Obras completas*, trad. Jorge Schwartz (coord.), São Paulo: Globo, vol. 1, 1998.]

20 Ibid., p. 811.

21 Ibid., p. 812.

No que se refere ao imaginário coletivo da Antiguidade, talvez uma resposta a essa condensação em um único gesto, que há séculos fascina os narradores, seja a convicção de que o moribundo revê em um instante toda a sua história. Poderíamos recorrer, de maneira mais elegante, a Benjamin, segundo o qual "no interior do agonizante desfilam inúmeras imagens – visões de si mesmo, nas quais ele havia se encontrado sem dar-se conta disso."[22] Com o ultimíssimo ato do seu ofuscamento narcisista, a memória do moribundo faz deste o espectador do filme de sua história. Também na crença popular há, portanto, um indício significativo. Confirma o desejo de unidade que é duplamente satisfeito pela morte: seja como capítulo final do relato, seja como um olhar que resume a história.

A unidade que o si narrável pede ao relato nunca é uma questão do texto. É, ao contrário, a questão do seu desejo inato, que pode ser satisfeito em muitas direções: pela narração detalhada da história, pela narração de um único ato, ou pelo resumo do moribundo. Se Ulisses chora, não é porque a narrativa do aedo *reproduz* com fidelidade aquela identidade que o próprio herói não conhece e não controla, mas porque o texto que lhe foi inesperadamente dado reconhece com clareza, ou melhor, lhe revela, o seu desejo. De tal forma que, surpreso pelo seu surgimento, o herói é levado pelo próprio desejo a se esforçar em sua autonarração por um período mais do que respeitável.

Costuma-se dizer que a autobiografia responde a uma pergunta muito precisa: quem sou eu? O projeto autobiográfico "obedeceria, assim, à ordem dada pelo oráculo délfico, ao co-

---

22 W. Benjamin, "Il narratore. Considerazioni sull'opera di Nicola Leskov", 1981, p. 258.

mando do '*Gnothi se auton*'."[23] No entanto, parece que é possível, na verdade, defender o exato contrário. A autobiografia não responde propriamente a "quem sou eu?", mas ao relato da minha história feito por outro. "Conhece-te a ti mesmo", para um si ao qual o autoconhecimento é constitutivamente impossibilitado, só pode traduzir-se na total predisposição para ouvir a própria biografia.

Ainda que de maneira diversa, Ulisses e Édipo são figuras desse teorema.

---

23 Christophe Miething, "La grammaire de l'égo: phénomenologie de la subjectivité et théorie autobiographique", in Mireille Calle-Gruber e Arnold Rothe (orgs.), *Autobiographie et biographie*, Paris: Nizet, 1989, p. 150.

Segunda parte

Mulheres

Édipo erra duas vezes

> *Muito tempo depois, velho e cego, caminhando pelas ruas, Édipo sentiu um cheiro familiar. Era a Esfinge. Édipo disse: "Quero lhe fazer uma pergunta. Por que não reconheci minha mãe?" "Você deu a resposta errada", disse a Esfinge. "Mas foi a minha resposta que tornou tudo possível." "Não", disse ela. "Quando perguntei o que caminha com quatro patas pela manhã, com duas ao meio-dia e com três à noite, você respondeu o Homem. Não mencionou nenhuma mulher." "Quando se diz o Homem", respondeu Édipo, "as mulheres também estão incluídas. Todos sabem disso." "É o que você pensa", disse a Esfinge.*
>
> — MURIEL RUKEYSER, "Myth" [1]

Na breve releitura poética de Muriel Rukeyser, Édipo erra duas vezes. Ou melhor, em perfeita coerência com sua resposta, é forçado a incorrer em uma dupla monstruosidade. Trata-se, sabemos, de uma coerência bastante específica da filosofia, da

1 Muriel Rukeyser, "Myth", in *The Collected Poems*, Nova York: McGraw-Hill, 1978, p. 498.

qual ele, aqui, é uma amostra involuntária. A lógica é conhecida: o Homem é monstruoso não apenas como um nome universal abstrato que fagocita a unicidade de todo ser humano, mas também pela sua pretensão de incluir as mulheres ao mesmo tempo que se nomeia no masculino. Em outras palavras, o Homem é, ao mesmo tempo, toda a espécie humana e um dos seus dois gêneros. É neutro e masculino. É os dois, nenhum dos dois e um dos dois. Escrito com a inicial maiúscula ou minúscula, invocado pelos textos filosóficos ou pela linguagem cotidiana, o efeito da sua prepotência não muda. Toda a tradição ocidental, com a filosofia em primeiro plano, torna-se o seu campo de autorrepresentação. Patriarcal, androcêntrica ou falogocêntrica, se preferir, mesmo em sua variedade de estilos, uma cultura que agora tenta sobreviver ao segundo milênio canta desde o início as glórias de seu protagonista. Toda estudiosa feminista tem em suas estantes dezenas de volumes que testemunham seus malfeitos e denunciam sua arrogância.

Na versão do mito de Muriel Rukeyser, a Esfinge parece, de todo modo, enredar Édipo em uma nova armadilha. Há o risco de que o erro, mais do que se emendar, se multiplique. Do filósofo que Édipo demonstra ser, capaz de misturar-se de imediato ao universal, até poderíamos esperar uma resposta final que acrescentasse a Mulher ao Homem. "O Homem e a Mulher", seria neste caso a resposta à adivinhação acerca das patas. Édipo não dá tal resposta, mas – depois da leitura da poesia de Rukeyser ou, talvez, antes ainda – nós a sentimos vibrar no ar como uma reticência do mito, como uma face não investigada do erro. Com efeito, também para nós, a armadilha é sedutora. Bastaria, talvez, acrescentar a Mulher ao Homem, e tudo voltaria a seu lugar.

Contudo, acrescentar a Mulher ao Homem significa, evidentemente, duplicar a representação do universal sem, na verdade, libertar-se de seu valor abstrato, sem abandonar o antigo erro da metafísica. Certo, o dado indiscutível que os sexos da espécie humana são dois faz dessa duplicação uma homenagem ao sentido mínimo do aparecer. Todavia, como ocorreu ao Homem, a Mulher só pode ser todas as mulheres justamente porque não é nenhuma delas. A sua alegada realidade, substanciada no signo universal da maiúscula, pertence ao registro místico da representação coletiva. Como o Homem, a Mulher não deixa para trás nenhuma história de vida. À Mulher não se pode perguntar *quem* é, apenas *o que* é.

Monstruosa e teriantrópica, a Esfinge é, de qualquer maneira, uma criatura feminina. "Uma mulher com aspecto de monstro/ um monstro com aspecto de mulher/ os céus estão cheios delas", escreve Adrienne Rich.[2] Portanto, não pode ser de todo inútil à sorte do seu sexo a armadilha que ela parece armar ao velho Édipo no poema de Rukeyser. Fazendo-se filósofo em nome do Homem, ele demonstra adotar aquela tradição do sujeito masculino que coloca a mulher no lugar de objeto (negando-lhe, por assim dizer, até a letra maiúscula). Dito de outra maneira, na longa questão filosófica que Édipo inaugura, a mulher está notoriamente na posição do objeto, isto é, pensada, representada, definida a partir do ponto de vista do Homem. Como mulher *do* Homem e *para* o Homem, diferente *dele* porque ele é o paradigma do gênero humano, a mulher, embora seja um nome geral, nunca é universal. Em vez disso, consiste em uma série de imagens que representam, a cada vez e de acordo com as circunstâncias, *o que* deve ser uma mulher na economia do desejo masculino: na maioria das vezes, uma mãe ou uma esposa e, às vezes – parece quase sempre o caso! –, uma confusão entre as duas coisas. Do ponto de vista da Esfinge, empurrar Édipo na direção de uma resposta que acrescente a Mulher ao Homem é, portanto, uma espécie de desafio ou, talvez, uma piada com alguma graça.

---

2 Adrienne Rich, *Segreti, silenzi, bugie*, Milão: La Tartaruga, 1982, p. 39.

Afinal, o que é a Esfinge, senão uma das figuras mais explícitas dessas representações androcêntricas da mulher? O que ela é, senão um monstro feminino – o lado terrível da animalidade que o Homem vê no feminino – diante dele, o rei?

Ao levá-lo à beira de um erro que ele nem mesmo pode imaginar, a Esfinge desafia Édipo em um plano de coerência epistêmica, convidando-o a inserir a Mulher junto ao Homem no lugar de sujeito que sempre lhe foi negado. Mais do que tudo, com essa resposta, ela, que com seu corpo ferino caminha sempre sobre quatro patas, poderia por fim permitir-se uma certa variedade de estilos de caminhada. Ainda que o discurso filosófico sobre o universal – a arte definidora que ama o abstrato – seja um erro formidável, isso não diminui o peso da arrogância androcêntrica que reserva ao Homem o papel de sujeito. Em seu perfil clássico, a filosofia só é filha de Édipo, mas não da Esfinge.

Em outro poema de Muriel Rukeyser, "Private Life of the Sphinx" [A vida privada da Esfinge],[3] a voz da monstruosa cantora se desenvolve em um longo monólogo. Ela diz no início:

> Sobre a rocha fiz ao rei temeroso
> Uma boba pergunta no intuito de que olhasse para si mesmo.
> Ele olhou. Viu a si mesmo e o reino. Tomou.
> As minhas garras e o meu sorriso transferidos ao seu mito.

A pergunta, como é evidente, é boba porque menciona o número de patas. Mas, acima de tudo, é boba por si mesma, estúpida, *foolish*. Na verdade, sua finalidade não consiste na completude que a resposta de Édipo, igualmente boba e em total sintonia com a pergunta, poderia conferir-lhe, mas em levar Édipo a olhar para si, questionar quem é. É o que ele faz: mas

---

3 M. Rukeyser, "Private Life of the Sphinx", in *The Collected Poems*, 1978, p. 278.

olha na direção errada e, por isso, não se vê. Em vez disso, vê o reino e vê a si mesmo como o rei de Tebas, o marido de Jocasta, o senhor poderoso. Ele logo toma tudo: até a Esfinge, reduzida a uma imagem do seu mito, a um significante de sua história. Poderíamos dizer, mais uma vez, que Édipo se dirige, decidido, ao destino possessivo do sujeito falogocêntrico, ignorando totalmente *quem* ele mesmo é.

Sem dúvida, Édipo, que leva o pé ("*pous*") no próprio nome – Édipo que, raptado quando criança, tornou-se grande e poderoso, ereto sobre os dois pés, no meio-dia da sua vida, e logo cego e obrigado a caminhar de bengala –, poderia ter considerado um alerta a adivinha sobre as patas.[4] Poderia, naquela pergunta boba, ter encontrado ótimos motivos para olhar para si mesmo, isto é, para sua história. A reescritura do mito, na breve versão de Muriel Rukeyser, sugere-nos, contudo, uma solução diferente. A chave não está nas palavras excessivamente alusivas da adivinha, mas na ligação entre a resposta errada e o incesto, ou seja, na consequência crucial do erro.

É, de fato, estranha a pergunta que o velho Édipo ousa fazer à Esfinge: "Por que não reconheci minha mãe?"

Face terrível do primeiro enigma, a Esfinge permanece, é claro, na opinião de Édipo, a senhora suprema de todos os enigmas. Sobretudo deste, que ele não sabe resolver. A solução, que a Esfinge revela, está, contudo, na própria resposta dele, que, ao dizer o Homem sem mencionar as mulheres, cometeu o primeiro erro. Acreditando ter dado a resposta certa, Édipo conquistou o reino e a rainha; mas, como a resposta estava errada, casou-se com sua mãe sem que pudesse reconhecê-la. Aquela resposta tornou tudo possível, até mesmo o incesto.

---

4 J.-P. Vernant e P. Vidal-Naquet, "Ambiguità e rovesciamento. Sulla struttura enigmatica dell'*Edipo re*", 1972, p. 101.

O velho Édipo, todavia, ainda não entende. Ao contrário, duplica a dose do antigo erro. Para se justificar, ele não apenas finge que o termo "Homem" inclui também as mulheres, mas destaca que este é um conhecimento geral, um saber evidente e indiscutível. "É o que você pensa", rebate então a Esfinge ao pobre cego. A última resposta de Édipo, sua extrema defesa, a justificativa óbvia a uma cadeia de erros, é a pior de todas. Do Homem que, no risco da antiga resposta, ainda habitava a incerteza e o tremor do desafiante, Édipo agora passou a entender a universalidade do Homem como o óbvio de um saber geral.

O enigma do incesto, que decorre da resposta errada ao primeiro enigma, portanto, foi esclarecido. De fato, como alguém que *obviamente* inclui as mulheres no Homem poderia reconhecer a mãe? Como poderia reconhecê-la alguém que, no rigor da lógica – como Aristóteles argumenta com provas –, se limitasse a dizer que o homem nasce do Homem?

Apenas mais tarde, como sabemos, Édipo aprenderá com muito custo que sua mãe é de fato *esta*, esta e não outra, de quem ele nasceu, ele e não outro. Tarde demais, Édipo é obrigado a aprender que a língua abstrata do Homem impossibilita o reconhecimento do rosto, sempre único e irrepetível, do existente. O velho Édipo, que a Esfinge encontra no poema de Rukeyser, é, portanto, um homem desatento e com pouca memória. Inutilmente advertido sobre sua história, ele retorna, com uma distração trágica, ao velho vício da filosofia.

Há uma razão pela qual a história de Édipo desenha uma tragédia que só poderia acontecer a um homem. Ou seja, porque a tragédia da cisão originária entre o Homem universal e a unicidade do si, entre a abstração do sujeito e a concretude da unicidade – em uma palavra, entre a ordem discursiva da filosofia e aquela da narração –, é de todo masculina. Mesmo na recente "atuação" do modelo emancipatório (que acaba legitimando aquilo que Édipo, na justificação tardia do seu erro formidável, consideraria óbvio), poucas mulheres parecem dispostas a se reconhecerem na universalidade do termo "Homem". Quanto ao dever de se reconhecer nas imagens da mulher pensada por milênios pelo Homem, é notório como a recusa flagrante que explodiu na época contemporânea tenha precedentes significativos em uma longa história de resistência feminina muda.

Estranhas à forma do sujeito e deportadas ao lugar do objeto, também tocou às mulheres, imprevisivelmente, uma sorte grande: a de se subtrair, sem muito esforço, à ênfase do velho jogo em que se destaca a autorrepresentação. Por milênios, a pergunta "o que é a mulher?" referia-se a uma definição, cem definições, mil contradições, que decerto ninguém esperava que fosse uma mulher a responder. O discurso sobre o universal, com seu amor pelo abstrato e a sua lógica definidora, desde sempre é uma questão apenas dos homens. A cisão entre universalidade e unicidade, entre filosofia e narração, sinaliza desde o início uma tragédia masculina.

Portanto, há uma sombra de verdade no estereótipo habitual segundo o qual caberia às mulheres uma espécie de tendência para o *particular*. Como a proverbial cura para o frágil, o pequeno, o exposto, o tipicamente feminino é, na verdade, há séculos, a cura para um particular que, distante do desejo de salvar-se em uma universalidade mais alta, se compraz de ser assim e não aspira a transcender. Trata-se do particular, resplandecente de finitude e contente por existir, cuja glória, para os humanos, toma especificamente a forma da unicidade.

Em seu conceito, a unicidade corresponde à forma extrema do particular, isto é, à sua forma absoluta, *livre*, por princípio, de qualquer universal que possa resgatá-la do escândalo e apagar o milagre. Uma vez que, de Platão em diante, esta foi precisamente a missão que a filosofia, seduzida pelo universal, originalmente decidiu assumir: redimir, salvar, levantar o particular da sua finitude e, por isso, a unicidade do seu escândalo. Tal empreendimento de redenção, contudo, logicamente se transformou em um ato de apagamento. Como Hegel admite – e Arendt não deixa de sinalizar –, "a contemplação filosófica não tem intenção além de suprimir o acidental."[5] *Salvar suprimindo* é precisamente uma lei antiga que os filósofos chamam de dialética.

Assim, é prudente não recorrer à filosofia quando se deseja de fato salvar o acidental que existe em cada vida, ou seja, a casualidade de ser "este, e não outro" que ocorre a cada um como o *dado* de sua própria existência aqui. Mais que de salvação, o acidental também precisa de cuidado. Contar a história que cada existência deixa para trás é, talvez, o gesto mais antigo de tal cuidado. Não necessariamente uma história que aspire a se imortalizar no empíreo literário – como sugere a própria Hannah Arendt, quando pensa em Homero –, mas sobretudo o tipo de história cuja narrativa se avizinha até dos cantos das cozinhas, diante de um café, ou no trem, quando mesmo aqueles que não desejavam ouvir são obrigados a escutá-la. Nas cozinhas, nos trens, nos corredores das escolas e dos hospitais, diante de uma pizza ou de uma bebida, são as mulheres, sobretudo, que sintomaticamente contam histórias de vida. Como observa Françoise Collin, "a comunicação entre mulheres se nutre, em essência, do confronto de narrativas da vida, mais do que da colisão mútua de ideias".[6] Desde sempre, a tendência ao particular as torna narradoras excelentes. Reconduzidas, como Penélope, aos cômodos onde tecia e fiava, desde tempos antigos elas tecem tramas para os fios da narrativa. Elas de fato

---

5 F. Hegel, *Lezioni sulla filosofia della storia*, Florença: La Nuova Italia, vol. I, 1981, p. 8. [Ed. bras.: *Filosofia da História*, trad. Maria Rodrigues e Hans Harden, Distrito Federal: Editora UnB, 1999.]

6 F. Collin, "Pensare/raccontare. Hannah Arendt", *dwf*, nº 3, 1986, p. 37.

teceram histórias, permitindo que arrancassem sem cuidado a metáfora do *textum* [tecido] dos literatos de profissão. Antiga ou moderna, a arte delas se inspira em uma sábia repugnância pelo abstrato universal e alcança uma prática cotidiana em que o conto é existência, relação e atenção.

Entregue a tal arte feminina, parece que uma filosofia da narração seja, assim, a única cura para salvar o próprio nome da filosofia de sua sorte trágica.

Na periferia de Milão

O dom da história escrita que liga os pensamentos e os salva do esquecimento é uma imagem requintada daquilo que temos tentado explicar e o que na luta das mulheres a revolução simbólica – da representação de si e de sua espécie em relação com o mundo – é fundamental e vem em primeiro lugar.

— LIBRERIA DELLE DONNE DI MILANO,
Non credere di avere dei diritti[1]

Em um dos livros mais famosos do feminismo italiano, *Non credere di avere dei diritti* [Não ache que você tenha direitos], a história que é contada de fato ocorreu. Estamos nos anos 1970, e as protagonistas são duas amigas de nomes assonantes: Emilia e Amalia. Em Milão, elas frequentam a escola das 150 horas.[2] A história que lhes aconteceu surge no livro como

1 Libreria delle donne di Milano, *Non credere di avere dei diritti*, Turim: Rosenberg e Sellier, 1987.

2 Escola frequentada por operários fabris que não concluíram os estudos em função do trabalho. Nos anos 1980, passou a receber jovens e adultos que não tivessem completado a educação básica na idade apropriada. Hoje, as 150

um relatório de Amalia posterior à morte prematura da amiga, falecida aos 53 anos.

Emilia, no início, "era bastante tediosa: tinha o hábito de contar várias vezes ao dia a sua história",[3] diz Amalia. Esta última tem o dom de se expressar bem, tanto na fala quanto na escrita, que falta à outra. Na troca recíproca de seus exercícios de escrita, o desequilíbrio se torna evidente. "Quando eu lhe mostrava o que havia escrito", comenta Amalia, "sobretudo quando falava do meu bairro, dos agricultores e da minha vida em particular, ela chorava."[4] Ela também sentia "necessidade de contar sua vida", observa Amalia em relação a esse choro, "mas não conseguia encadear nada de tudo aquilo e deixava pra lá". Amalia então decide tomar uma iniciativa interessante: "uma vez, escrevi para ela a sua história de vida, porque eu já a conhecia de cor, e ela a carregava sempre na bolsa e a relia, comovida."[5]

O episódio parece quase uma transposição do Ulisses homérico na periferia da Milão contemporânea. Há o choro no ouvir/ler uma história e há a mesma comoção ao reconhecer a própria história de vida ser narrada por alguém. Contudo, para além da forma oral ou escrita da narrativa, há também uma diferença substancial. Na cena homérica, o aedo e Ulisses são dois estranhos: o primeiro não sabe que está cantando a história do segundo na presença deste, que também nunca lhe contou nada sobre si. Ao contrário, Amalia e Emilia são duas amigas: a primeira escreve a história da segunda porque esta com frequência a narra desordenadamente, manifestando seu obstinado desejo

---

horas se referem tanto ao estágio oferecido pelas universidades italianas a seus alunos quanto ao direito às horas de estudo, no caso de estudantes que trabalham. (N. T.)

3 Ibid., p. 123.

4 Ibid., p. 124.

5 Idem.

de narração. A doação da história escrita é, na verdade, uma resposta de Amalia a esse desejo. Agora Emilia pode levar consigo o texto e relê-lo com frequência, comovendo-se a cada vez por ter sua própria identidade tornada tangível pelo conto.

Emilia decerto poderia ter escrito sua própria autobiografia, e até chegou a tentar. Todavia, de acordo com Hannah Arendt, começamos a suspeitar de que, para o sucesso dessa empresa, não lhe faltava tanto o talento literário, mas sobretudo lhe era impossível objetivar de modo pessoal a matéria do próprio desejo sem cair no erro de perspectiva da memória. Em outros termos, o *quem* de Emilia se manifesta aqui com clareza na percepção de um si narrável que deseja a narrativa da própria história de vida, mas a outra – a amiga que reconhece a raiz ontológica desse desejo – é a única que pode realizar tal narração. Isso significa que Emilia manifesta com obstinação o desejo de que o percurso de sua vida trace uma cegonha, que a sua unicidade deixe para trás uma história. Ao escrevê-la para ela (não no seu lugar, mas para ela), Amalia lhe dá uma forma tangível, esboça uma figura, sugere sua unidade. A própria Amalia, de resto, também tem sucesso na narração autobiográfica. A amiga chega a chorar. Se ela chora, é porque reconhece na história o objeto do próprio desejo. Autobiografia e biografia, assim, confrontam-se no fio desse desejo comum, e o próprio desejo traduz a relação entre as duas amigas no ato da doação.

Neste momento, como notaria uma serva trácia[6] "a serviço" na Milão contemporânea, as mulheres passam, com muita frequência e em qualquer lugar, a narrar uma à outra sua história,

---

6 Aludo à figura platônica, que, segundo o filósofo, encarna a ignorância feminina, da qual tracei um perfil no meu *Nonostante Platone* [Apesar de Platão], Roma: Editori Riuniti, 1990, p. 33-58. (N. A.)

como se para cada uma estivesse em jogo a própria existência e a própria identidade pessoal. O fato é que *está mesmo*. Não apenas pelas razões que a teoria psicanalítica poderia indicar com facilidade, mas também por aquelas que o pensamento político arendtiano, reinterpretado à luz da experiência feminista, nos ajuda ainda melhor a compreender.

Como vemos em *Non credere di avere dei diritti*, o propósito das mulheres que voltaram à escola para frequentar os cursos de 150 horas é o de "pensar que o meu eu existe."[7] Emilia não parece ter dúvidas sobre o alcance dessa afirmação ontológica. Para ela, tal existência coincide com a própria narrabilidade que deseja materializar-se em um conto. Emilia sabe que uma vida sobre a qual não se possa contar uma história corre o risco de permanecer como uma mera existência empírica, isto é, uma sequência intolerável de acontecimentos. Intolerável, portanto, não é tanto uma vida que "sempre foi um não"[8] e que com cinquenta anos a encontra pobre, casada e sem filhos, mas o fato de que a história de vida resultante permaneça sem narração. Assim, ela passa das malsucedidas tentativas autobiográficas à biografia que a amiga lhe dá. Tal biografia, sobretudo como escritura, é tangível ao máximo. Ao levá-la sempre na bolsa e relê-la com frequência, Emilia pode tocar com a mão e devorar com os olhos a sua identidade pessoal de maneira tangível. Pode, como Ulisses, comover-se.

Assim, o paradoxo de Ulisses também funciona nesse caso, mas a comparação entre Ulisses e Emilia só vale até certo ponto. Ulisses é um herói, ou seja, teve a cena troiana como espaço de interação para exibir a própria unicidade. Para dizer em termos arendtianos, Ulisses é o arquétipo do ator que, realizando ações em um espaço político compartilhado, revela aos seus seme-

---

7 Libreria delle donne di Milano, op. cit., p. 124.

8 Ibid., p. 123.

lhantes *quem* é. A história de vida resultante de tais ações corresponde a uma existência peculiarmente humana, pois política. Emilia, ao contrário, não teve tais cenários públicos de exibição recíproca e interativa. Emilia, como ocorre desde sempre a muitas mulheres, provavelmente teve apenas o cenário doméstico como âmbito próprio de existência. Se vale o princípio segundo o qual o inexponível é o inexistente, então Emilia viveu uma vida durante a qual a sua unicidade permaneceu parcialmente inexposta por falta de uma cena compartilhada de comparecimento, isto é, de um verdadeiro espaço político.

É útil recordar mais uma vez que estamos usando o termo "política" na anômala acepção arendtiana. Na verdade, não estamos sinalizando o conhecido fenômeno histórico no qual as mulheres foram excluídas das instituições, mas o fenômeno no qual muitas delas, como Emilia, não experimentam um espaço plural e interativo de exibição que é o único a merecer o nome de política. Não à toa, o termo de comparação aqui não é um operário milanês – isto é, o referente masculino mais plausível à condição de Emilia –, mas é aquele herói antigo que, apesar de seu mais do que suspeito virilismo, desde o início nos tem feito companhia. O fato é que, como observa a própria Arendt, depois do breve parêntese grego, também ocorreu aos homens não participar de um espaço político de interação. Como defendem muitos estudiosos, mas sobretudo como Hannah Arendt pôde argumentar, a história ocidental é uma história de despolitização. Substituída pelo governo de alguns homens sobre muitos outros, ou seja, substituída pelos vários modelos de domínio, nessa história de 2 mil anos a política como espaço compartilhado da ação desaparece, ou reaparece ocasionalmente em períodos de experiências revolucionárias.

Os códigos sociais imperantes, que atribuem aos homens e às mulheres papéis diferentes, também tornam diversa tal apoliticidade. Para as mulheres, na verdade, a ausência de uma cena interativa, na qual a unicidade possa ser exibida, é acompanhada historicamente pela sua estranheza constitutiva em relação às representações do sujeito que reina na ordem simbólico-patriarcal. Como dito, a tradição que, ignorando a unicidade, celebra as glórias do Homem é a mesma que consente apenas aos seres humanos de sexo masculino reconhecerem-se nessa representação abstrata. Seja no plano da expressão, seja no da representação, as mulheres se encontram, assim, comprimidas entre um duplo regime de impotência que diz respeito seja à *unicidade*, seja à *qualidade*. Em outras palavras, à ausência geral de espaços políticos onde qualquer ser humano possa exibir aos outros *quem* é, acrescenta-se, para as mulheres, a difusão de uma ordem simbólica na qual é o sujeito androcêntrico que define, de várias maneiras, *o que* elas são: mães, esposas, corpos desfrutáveis, eternas enfermeiras... e assim por diante.

Como já sinalizado, do nosso ponto de vista, deriva disso, no entanto, uma vantagem importante: as mulheres têm muito menos probabilidade de cometer o formidável erro que consiste em confundir o estatuto irrepetível da unicidade com o estatuto abstrato do Homem. Em outros termos, a pulsão exibitiva da unicidade, no caso de uma mulher, encontra obstáculos evidentes ao ser erroneamente suprida pela representação de um sujeito universal que é descaradamente masculina.

A nossa Emilia é uma testemunha disso. O regime da dupla impotência a faz orientar com sabedoria o seu desejo lá onde a existência encontra o seu único e genuíno estatuto expressivo, isto é, em direção à cena na qual a unicidade se constitui na relação. Tal relação ainda não tem as particularidades luminosas da cena pública, se contraposta à obscuridade da esfera privada, mas aqui, em primeiro lugar, está de acordo com a mais notável imagem que a relação encontra na experiência feminina: uma amizade. Apesar de a opinião generalizada considerar que a amizade feminina se funda sobretudo na solidariedade da miséria e na opressão, trata-se sintomaticamente de uma amizade que tem caráter narrativo. De resto, todas nós sabemos como o lado usual da amizade feminina consiste nessa troca narrativa recíproca – contínua, mas também interrompida, intensa, e igualmente dispersa – da própria história de vida. Para as amigas, as perguntas "quem é você?" e "quem sou eu?", na ausência de uma cena plural de interação na qual o *quem* possa se exibir em plena luz, passam, dessa forma, a encontrar *imediatamente* sua resposta na regra clássica de contar uma história.

Tal imediatez tem sua causa primária no sintomático temor de que uma vida conduzida na ausência de um espaço público de exibição não deixe para trás uma história de vida. *O que* é Emilia, na verdade, também poderíamos tentar definir com boa aproximação: uma dona de casa milanesa, pobre, casada e sem filhos; em suma, uma mulher como tantas outras com um destino bastante difícil nas metrópoles contemporâneas. Nesse sentido, é a amostra de um certo "tipo" sociológico. *Quem* é Emilia, ao contrário, foge a essa classificação. Esse *quem* é uma unicidade irrepetível que, para aparecer, antes de tudo precisa de um espaço de interação plural e, por isso, político.

Em relação à sequência arendtiana, Emilia e Amalia – ou a amizade feminina em geral – operam, assim, uma curiosa transgressão. Para Arendt, a narração da história deveria seguir as ações do herói de quem a própria história resultou. Em outras palavras, a ação reveladora da identidade responderia à pergunta "quem é você?", e apenas *depois* e por *causa* de tal ação resultaria uma história de vida que precisa de um narrador. Emilia e Amalia, ao contrário, parecem passar *de imediato* à narração, assim como muitas mulheres no curso de uma amizade narrativa. A unicidade, parcialmente inexpressa por causa da ausência de cenários políticos de interação, acaba, portanto, concentrando-se em um si narrável que delega ao ato da narração o sentido irrenunciável da existência. Como Emilia nunca teve espaços políticos de exibição, teme não deixar para trás uma história digna de narração e a quer a qualquer custo na forma tangível do conto escrito. Como se, a despeito do teorema arendtiano, fosse a história narrada a produzir a realidade do si que, ao contrário, compete em primeiro lugar à qualidade reveladora da ação política. Ou como se narrar essa história de vida fosse uma ação política.

É mesmo surpreendente.

A típica pulsão feminina à autonarração também pode ser reconhecida no fenômeno dos "grupos de autoconsciência" que caracteriza o feminismo italiano dos anos 1970. No fundo, trata-se da passagem à forma relativamente estável e organizada do grupo, de um hábito muito difuso na cotidianidade da relação entre amigas. O desejo é sempre o de *se* exprimir, no duplo sentido de expor ativamente o próprio si e de encontrar as palavras que traduzem na forma de uma narrativa tal exposição. Assim, na prática da autoconsciência, o hábito feminino da autonarração encontra uma cena política, isto é, no sentido arendtiano, compartilhada e interacional. A tese "de uma intrínseca autenticidade da vivência pessoal",[9] que desde sempre sustenta a relação de amizade, pode finalmente explicitar-se e chegar a uma significação interativa que assume as características exibitivas da ação. Nada falta, de fato, para que essa experiência possa, no sentido arendtiano, definir-se política: um espaço compartilhado, contextual e relacional é criado por algumas mulheres que exibem umas às outras *quem* são. Todavia, há um aspecto de todo peculiar em relação aos cânones arendtianos: tal ação exibitiva coincide, aqui, com uma autonarração. Dessa maneira, é transgredido, se não o princípio segundo o qual a ação pode consistir em um discurso, pelo menos o princípio que declara a autobiografia ineficaz.

Na prática da autoconsciência, o si narrável, impulsionado pelo medo justo de que o parcialmente inexposto seja parcial-

9 Ibid., p. 35.

mente inexistente, passa por si apenas para satisfazer o próprio desejo de uma história narrada. A história de vida, alcançando a própria narrativa, coloca em palavras uma identidade ao mesmo tempo e no mesmo contexto em que as mulheres presentes geram um espaço político que finalmente as expõe. Em outros termos, existe um privilégio da palavra que veicula um desejo de identidade que apenas a forma narrada parece poder tornar tangível. Ao mesmo tempo, há a criação de um espaço relacional de exibição recíproca que é claramente percebido e afirmado como político. A insistência na *relação entre mulheres*, na *contextualidade da prática* e no *partir de si* que caracteriza, na Itália, o léxico político-feminista a partir dos anos 1980 encontra, portanto, nos grupos de autoconsciência, uma etapa fundamental. Sua peculiaridade consiste em um horizonte que vê uma interseção entre política e narração.

O âmbito exclusivamente feminino de tal horizonte se torna, entre outras coisas, matéria crucial de reflexão no grupo de autoconsciência. As histórias de mulheres que se entrecruzam no cenário *separatista* permitem "desconstruir um ponto de vista sobre o mundo, supostamente neutro, mas na verdade formado em grande parte pelo desejo e pelas necessidades masculinas", observa Manuela Fraire. Ela prossegue: "aprender a narrar a si mesmas significa autolegitimar-se e definir-se fora do olhar do outro",[10] ou seja, fora dos cânones do olhar do Homem. Em outras palavras, o contexto relacional, no qual a unicidade de cada uma pode finalmente se expor, torna ao mesmo tempo visível não apenas a sensação concreta que pertence à unicidade de cada uma, mas também a diferença sexual que as une e que se mostra capaz de um ponto de vista autônomo em relação ao masculino. Uma vez que a expressão da identidade pessoal também expressa uma identidade de gênero, o

---

10 Manuela Fraire, "Arte del fare, arte del disfare", *Lapis*, nº 28, 1995, p. 12-13.

fato de que cada uma delas seja uma mulher, não um homem, gera o risco de que se traduzam no paradigma suprapessoal da Mulher. Há o risco de que se traduzam em uma *representação* da Mulher, contentando-se com ela. Há o risco de se cair na armadilha da Esfinge que o velho Édipo evitou, não por mérito seu, mas por falta de memória.

Nesse contexto, todavia, a identidade de gênero só pode produzir um efeito contraditório, pois insta à identificação com as outras unicidades de cada uma. No espelhar-se de uma na outra, a identidade pessoal entregue à narrativa de uma história de vida irrepetível corre o perigo de perder sua realidade expressiva convergindo e fundindo-se no comum "ser mulher" representado aqui. "Eu sou você, você sou eu, as palavras que uma de nós diz são palavras de mulher, suas e minhas":[11] a empatia corre perigo de produzir uma substância. Em resumo, *quem* eu sou e *quem* você é parece dar lugar à urgência da pergunta *o que é* a Mulher.

Assim retorna, embora alterado pelo universalismo masculino, o velho erro de Édipo. A unicidade do si se sacrifica à hipostatização do gênero feminino e, embora conquiste um olhar crítico em relação à tradição patriarcal, desvia do seu desejo originário. Para além desse efeito assimilatório (que, no final das contas, encerra, em um período relativamente breve, a experiência da autoconsciência), o fenômeno permanece, contudo, muito interessante. Como escreve Ida Dominijanni, na gama das práticas feministas, a prática da autoconsciência e, por fim, do inconsciente

> [...] merece um lugar inaugural: aqui vêm à luz as figuras originais do pensamento da diferença, e aqui se desenha aquela forma particular de interação do eu feminino com a ordem do discurso

---

11 Libreria delle donne di Milano, op. cit., p. 35.

e da representação que constitui o núcleo da aposta na política do simbólico.[12]

Já no ponto inaugural das práticas feministas, evidencia-se, portanto, como a habitual pulsão feminina à autonarração, ao gerar um espaço político, enraíza-se – de maneira implícita ou explícita, espontânea ou reflexa, genuína ou hipostatizada – na constitutiva sexuação do si.

Relida à luz do fenômeno, a categoria arendtiana do *quem*, precisamente por ser expressiva e relacional, acaba, portanto, por se materializar na especificidade do sexo feminino, mostrando como a sexuação pertence constitutivamente à unicidade do existente humano. Não só "os homens, e não o Homem, vivem na Terra e habitam o mundo",[13] se é correta a afirmação de Arendt, mas nos parece ainda mais congruente dizer que não o Homem, mas os homens e as mulheres vivem no mundo e o habitam; sobretudo porque os fenômenos em questão encenam a pulsão exibitiva de um *quem* que, ao se distinguir, exibe ao mesmo tempo a distinção do seu sexo. Para usar os termos arendtianos, que são de elementar clareza, trata-se no fundo de decidir que o fato de que eu sou uma mulher, e não um homem, pertence à ordem das minhas qualidades (*o que* eu sou), não à da minha unicidade (*quem* eu sou). Ao centro da primeira alternativa, há um sujeito, único e irrepetível, que, no entanto, nasce "neutro" quanto ao sexo e por isso pode fazer de sua *qualidade* feminina uma hipóstase confiável ao regime da representação. Ao centro da segunda alternativa, há uma unicidade, também única e irrepetível, que desde o nascimento se mostra o que é, isto é, sexuada, e depende do regime contextual e relacional da expressão.

---

12 Ida Dominijanni, "Il desiderio della politica", in Lia Cigarini, *La politica del desiderio*, Parma: Pratiche, 1995, p. 11.

13 H. Arendt, *Vita activa*, 1989, p. 7.

A já invocada serva trácia "a serviço" em Milão poderia, portanto, sugerir-nos novamente um discurso resumido e simples. Desde o nascimento, a unicidade que aparece e que provoca a pergunta fundamental "quem é você?" é uma unicidade encarnada e, por isso, sexuada. Nem a cena política nem aquela narrativa – nem, muito menos, a extraordinária coincidência entre os dois nos grupos de autoconsciência – podem ignorar essa sexuação se, nesses cenários, é de fato o *quem* que se exibe.

Para além do olhar ingênuo da serva trácia, são, no entanto, as questões do feminismo que sobretudo legitimam uma torção livre das categorias arendtianas na direção da concretude do eu. Aqui, a expressão da identidade demonstra enraizar-se em um desejo que pode ser chamado ontológico porque nele "está em jogo" a existência de *quem* se revela. Por mais que as mulheres existam no mundo, a tradição patriarcal tende a sintetizar o catálogo das qualidades femininas, reduzindo o *quem* ao *o que*: uma mãe, uma mulher, uma enfermeira. Fora dessas qualidades, ou seja, fora da ordem representativa falogocêntrica, as mulheres viriam a existir, portanto, apenas em sentido empírico, de modo que a sua vida seria uma *zoé*, não um *bíos*.[14] Assim, não surpreende que a inata pulsão autoexibitiva da unicidade se concentre, para muitas mulheres, no desejo do *bíos* como desejo de biografia.

O fato de que a amizade masculina raramente seja de tipo narrativo – ou seja, de que muitos homens prefiram falar de *coisas* (futebol, automóveis) ou do que são (advogados, tenistas), e não sobre *quem* são – é, por outro lado, um sintoma muito interessante. Poderia ser interpretado, maliciosamente, como uma retaliação significativa da própria culpa androcêntrica. Em

---

14 De acordo com Giorgio Agamben, segundo a distinção proposta pelos gregos entre *zoé* e *bíos*, a *zoé* se refere ao ato de viver, e o *bíos* diz respeito à forma de vida de um indivíduo ou grupo, à vida qualificada. (N. T.)

tal culpa, que há milênios satisfaz no Homem o vampirismo metafísico[15] dos homens, a pulsão *biográfica* das relações de amizade masculinas demonstra eclipsar-se junto à unicidade do *bíos*. Como o bom Édipo precisou pagar caro para aprender.

Amalia encontrou em um contexto bastante específico o presente da sua história escrita por outra pessoa. As duas amigas frequentavam a escola das 150 horas, que, com razão, pode complementar os grupos de autoconhecimento e, com sua prática, misturar-se à história que levou à abertura dos espaços políticos feministas dos anos 1970.[16] O episódio de Amalia e o próprio fenômeno da autoconsciência nos convidam, dessa maneira, a não desvalorizar o cruzamento crucial entre política e narração. Embora tal coincidência perfeita seja provavelmente irrepetível e, em todo caso, de forma alguma obrigatória, é de fato interessante não perder de vista essa ligação estreita, procurando talvez compreendê-la em toda a sua potencialidade.

A esse respeito, a preciosa sugestão arendtiana sobre a inessencialidade do texto vem a ter uma comprovação esplêndida. Na verdade, não conhecemos as adoradas páginas que Emilia guardava em sua bolsa. O que esse episódio singular das amizades narrativas nos ensina é a relação de desejo entre Emilia e as páginas biográficas, que ignoramos, escritas para ela por Amalia. A relação entre Emilia e a sua história narrada é, de fato, como fica claro, uma relação de desejo obstinado. Tal desejo demonstra não se colocar entre a realidade empírica de um eu sem história e a sua narrabilidade, mas entre um eu que desde sempre se reconhece narrável e o ato da narração. Desse ponto de vista, tanto o texto resultante das tentativas autobiográficas desajeitadas de Emilia quanto o escrito por Amalia podem permanecer com tranquilidade fora da nossa análise sem minar sua "completude"

---

15 L. Irigaray, *Sessi e genealogie*, 1989, p. 139.

16 Libreria delle donne di Milano, op. cit.

ou seu "rigor". Nosso foco se dirige, na verdade, ao desejo de narração de um ser humano para que a unicidade e a unidade passem, depois do nascimento, a coincidir mais uma vez. Na ótica de tal desejo, não tem validade o teorema de Barthes, segundo o qual "narrador e personagens são 'seres de papel'".[17] Para desmenti-lo, basta registrar a comoção de Emilia pelas páginas que guardava em sua bolsa.

Por fim, é significativo que a familiaridade relacional de um si narrável tenha a sua imagem mais explícita no caráter narrativo das amizades femininas. Nesse caso, o si narrável das amigas é o motor indiscutível da cena. Tal cena consiste no cruzamento de narrações autobiográficas que asseguram, ao mesmo tempo, o resultado de uma fruição biográfica recíproca. Para simplificar: eu conto a você a minha história para que você a narre para mim. Assim, opera-se um mecanismo de reciprocidade segundo o qual o si narrável de cada uma passa à autonarração com a finalidade de que a outra tome conhecimento de uma história e possa, por sua vez, narrá-la: contar a outros e outras, sim, mas sobretudo contá-la *de novo* à sua protagonista. A suspeita dinâmica psicanalítica que rege as amizades narrativas é, portanto, a cena de um si narrável que oferece materiais autobiográficos a uma biógrafa que, por sua vez, é cúmplice da operação.

Por essa razão, é sintomático que o critério a diferenciar amigos de conhecidos possa ser identificado justamente nesse âmbito. A diferença entre as pessoas que conhecemos e aquelas que são nossas amigas consiste na circunstância pela qual, embora as primeiras não duvidem de que temos uma história e até conheçam boa parte dela, apenas as segundas são *capazes* de a

---

17 R. Barthes, "Introduzione all'analisi strutturale dei racconti", 1984, p. 34. [Ed. bras.: "Introdução à análise estrutural da narrativa", in R. Barthes et al., *Análise estrutural da narrativa*, trad. Milton José Pinto, Petrópolis: Vozes, 2013.]

narrar para nós. Se depois elas a narrarão ou não, de que forma e em qual circunstância, não vem ao caso. Dentro do horizonte geral das relações humanas que torna o outro ou a outra perceptível como um si narrável, a amizade é um horizonte específico no qual tal narrabilidade pode se traduzir, de modo significativo, no ato de uma narração recíproca. Embora, como diria Gertrude Stein, haja "toda a necessidade possível de sempre conhecer todos que conhecemos",[18] com nossos conhecidos só mantemos trocas, mas com as amigas temos uma relação. Até os amantes, como se costuma dizer com certa ironia moralizante, têm uma *relação*. De fato, até no amor o exercício narrativo recíproco com frequência ocupa a cena.

O si, na medida em que é um *quem* e não um *que coisa*, tem uma realidade que é toda externa e relacional. Tanto o si exibitivo da ação quanto o si narrável são entregues irresidualmente aos outros. Nessa entrega total, não há nenhuma identidade que se reserve espaços protegidos ou câmaras íntimas de refúgio impenetrável para autocontemplar-se. Não há *interioridade* que possa se autoafirmar como valor inexprimível.

Além disso, como o cenário da ação é contextual e mutável, a realidade do si é, necessariamente, intermitente e fragmentária. A história que resulta dela não tem como centro, portanto, uma identidade compacta e coerente. Ao contrário, é centrada em uma unidade efêmera e insubstancial cuja imagem, isto é, o desenho incontrolável de uma vida que apenas os outros podem narrar, o desejo evoca.

---

18 Gertrude Stein, *Autobiografia di tutti*, Milão: La Tartaruga, 1993, p. 68. [Ed. bras.: *Autobiografia de todo mundo*, trad. Júlio Castañon Guimarães, São Paulo: Cosac Naify, 2010.]

Na mesma época em que Amalia escreve para a amiga a história dela, mas em um lugar bem distante, a escritora sul-africana Elsa Joubert escreve a biografia de uma mulher negra e lhe dá o nome fictício de Poppie Nongena. Não são amigas; Elsa Joubert é uma "madame branca", a outra trabalha como doméstica: "o único ponto de contato, troca e conhecimento que [uma mulher negra] pode estabelecer com os brancos" em tempos de apartheid.[19] O fato é que em algum momento se encontram, e a primeira pede à segunda que solte a memória em uma longa narrativa autobiográfica para que depois possa escrever suas palavras.

É notório que recolher testemunhos orais e reelaborá-los pela escrita faz parte de um trabalho especializado que vai da Antropologia à História Oral. Muitos dos saberes modernos preveem a figura profissional do *story-taker*: aquele que solicita e escuta histórias de vida narradas por outros, para então transcrevê-las segundo os cânones científicos de sua disciplina. Como destaca corretamente Carolyn Steedman, tal personagem encontra uma de suas variantes mais conhecidas e influentes na psicanálise. O psicanalista pode ser interpretado como um *story-taker* cujo propósito é o de

> [...] restituir ao analisando a história de sua vida, reorganizada em uma narração coerente seguindo uma sequência cronológica, de modo que, no fim, alcançar a saúde psíquica pode ser visto como a reapropriação da própria história de vida.[20]

Ninguém mais do que o analisando parece, portanto, encarnar o desejo de quem quer receber de um outro a narrativa da própria

19 Itala Vivan, "Nota critica", in Elsa Joubert, *Il lungo viaggio di Poppie Nongena*, Florença: Giunti, 1991, p. XI.
20 C. Steedman, *Past Tenses*, 1992, p. 172.

história. Em outras palavras, embora em apenas uma direção e sem reciprocidade, o cruzamento entre autobiografia e biografia concerne de modo evidente ao si narrável da cena psicanalítica. Nesse sentido, o *story-taker* que trabalha no campo da Antropologia e da História Oral está muito menos envolvido na obra de *restituição* da narrativa *aos* seus entrevistados. Ao contrário, no caso em que os entrevistados – os narradores autobiográficos na fonte – pertençam a outra cultura e falem outra língua, emerge a questão de escrever um texto que eles não conseguem entender: nem em uma simples leitura, nem em "uma compreensão da produção e do consumo de textos."[21]

Il lungo viaggio di Poppie Nongena [A longa viagem de Poppie Nongena] é precisamente uma escrita em forma de romance da narrativa autobiográfica de Poppie. De maneira sintomática, a escolha mais original da autora se relaciona com a própria escrita. Elsa Joubert decide escrever o livro não em inglês, a sua língua, mas na língua de Poppie, isto é, "a língua africâner dos negros, misturada com frequentes expressões em xhosa: um idioma que não havia sido usado com objetivos literários, aliás, nunca havia sido usado na escrita."[22] A edição inglesa, que sai dois anos depois, acaba tendo o curioso estatuto de tradução do africâner.

Um texto, sobretudo quando é elaborado por quem faz da arte narrativa a sua profissão e, por isso, leva em consideração as exigências editoriais, tem, obviamente, muitos destinatários. Todavia, a escolha da língua africâner nos permite criar a hipótese de que a escritora sul-africana tenha desejado, antes de mais nada, colocar em palavras a história de vida de Poppie *para* Poppie. Nos encontros regulares ao longo de dois anos, é bastante provável que o projeto da senhora branca de tornar-se uma *story-*

---

21 Idem.

22 I. Vivan, op. cit., p. VI.

-*taker*, traduzindo em romance biográfico a autobiografia oral da mulher negra, tenha encontrado um sentido imprevisto no contexto de uma relação narrativa que foi além de um relacionamento entre "patroa" intelectual e "doméstica" iletrada.

De qualquer maneira, o risco de colonização cultural e de apropriação instrumental que acaba surgindo em todas as relações desse gênero é muito forte. Conforme já lembrado, como história de uma mulher negra, de sua família e da genealogia feminina que sustenta sua memória, *Il lungo viaggio di Poppie Nongena* também corre o risco de se dirigir a quem fala a língua africâner, mas não sabe lê-la.

Mas parece que a própria Joubert tentou encontrar uma solução para esse problema. Por sua iniciativa, foi feita a montagem de uma recitação teatral do romance para a família e os amigos de Poppie.[23]

---

23 Devo esta informação a uma entrevista com Itala Vivan. (N. A.)

Em uma livraria de Nova York

> *Uma mulher entra na livraria e percorre as estantes com os olhos. Para, pega um volume de ensaios sobre Hegel e o feminismo, mas logo o recoloca no lugar. Caminha, pega o novo livro de suspense de uma autora feminista e lê o final. Encontra a nova biografia de X, observa com atenção a capa, lê as informações no verso, percorre uma ou duas páginas, depois confere as oito páginas de fotografias disponíveis no texto e as examina muito bem, com cuidado e concentração.*
>
> — LIZ STANLEY, *The Auto/biographical I*[1]

No trecho acima, a socióloga feminista inglesa Liz Stanley nos descreve uma cena que provavelmente viu em Manchester, onde leciona, mas que nós, de acordo com as necessidades de nosso imaginário provinciano, colocaremos livremente em uma livraria de Nova York. De qualquer forma, a mensagem é clara: as mulheres têm um grande interesse pelas biografias e as leem com prazer. Que uma história biográfica seja, em geral, mais palatável que um volume de ensaios filosóficos é um fato

---

1 Liz Stanley, *The Auto/biographical I*, Manchester; Nova York: Manchester University Press, 1992.

compreensível. Que seja mais palatável do que um livro de suspense é ainda mais significativo. As histórias de vida parecem conquistar maior índice de satisfação por parte das leitoras.

A leitora dessa livraria nova-iorquina é provavelmente uma feminista, assim como é provável que a pessoa x que intitula o livro, e também sua autora, sejam do sexo feminino. Assim, podemos definir uma regra: as mulheres, incluindo as feministas, leem com prazer biografias de mulheres escritas por mulheres. Dizer de trás para a frente também funciona: há muitas mulheres que escrevem histórias de vida de outras mulheres, dirigindo-se a um público de leitoras. Uma espécie de pacto as une. E são as *lives-with-meaning*, ou vidas-com-significado, sugere Liz Stanley,[2] que selam esse pacto. Portanto, não estamos muito distantes do princípio de uma identidade narrada como expressão tangível da existência. Não estamos muito distantes do desenho da cegonha. Mas há algumas diferenças. Além de uma abordagem distinta, em virtude da perspectiva sociológica de Liz Stanley, a questão depende do horizonte pós-moderno e pós-estruturalista que caracteriza o debate feminista de língua inglesa, sobretudo em terras norte-americanas. Por isso mesmo, escolhemos Nova York, e não Manchester.

Dados a vivacidade e os conflitos internos a esse debate, é arriscado, obviamente, falar dele em síntese e por meio de uma generalização. De todo modo, já desde os anos 1980 temos testemunhado aquela fatal migração do pós-estruturalismo francês para a América do Norte, que, de acordo com uma opinião bastante drástica, produz uma rápida colonização da teoria feminista.[3] Mais atenta à complexidade das coisas, uma filósofa célebre como Rosi Braidotti prefere, ao contrário, colocar a

---

2 Ibid., p. 20.

3 Kathleen Barry, "Biography and the Search for Women's Subjectivity", *Women's Studies International Forum*, nº 12, 1989, p. 571.

origem do pensamento feminista contemporâneo e a do pensamento pós-estruturalista no âmbito da mesma crise de época, destacando seus procedimentos por *dissonâncias*.[4] Não faltam comportamentos de mediação nem revisitações críticas eficazes: a própria Liz Stanley se destaca por isso. Contudo, o fenômeno é largamente hegemônico em todos os âmbitos teóricos, incluindo aquele que, de outros pontos de vista, se ocupa das histórias de vida. Nesse campo, inclusive, a literatura crítica feminista de inspiração pós-estruturalista é particularmente abundante.

Para simplificar, e generalizando sob a etiqueta "norte-americana" uma realidade que tem grandes ressonâncias para além das fronteiras estadunidenses e da língua inglesa, o tema do debate pode ser resumido da seguinte forma.

De acordo com os cânones pós-modernos, as feministas norte-americanas denunciam o fundamento metafísico da autobiografia clássica (que a crítica literária tradicional sobre o gênero autobiográfico tende, é claro, a espelhar). As formas clássicas da autobiografia são, em sua maioria, indicadas em alguns protótipos masculinos célebres, sobretudo Santo Agostinho, Rousseau e Goethe. O que os une é o modelo unitário e substancial de um si que encontra uma confirmação coerente em sua autonarração. Em resumo, na forma clássica, o si – autor e protagonista da história – se propõe como um sujeito compacto, cuja unicidade é, ao contrário, uma exceção, ou seja, a pressuposta grandeza de um si *real* que a narração autobiográfica – a confissão – alega espelhar fielmente. O teorema subjacente é que exista, em primeiro lugar, um sujeito autoconsciente, o qual, pondo-se a escrever a sua vida, traduz em palavras a realidade substancial, precedente e independente do texto, do próprio eu.

4 Rosi Braidotti, *Dissonanze*, Milão: La Tartaruga, 1994.

O horizonte antimetafísico da teoria pós-estruturalista, "que nega ao si qualquer estatuto fora da linguagem"[5] e, portanto, do texto, não deixa, assim, escapar a ocasião para denunciar o teorema e derrubá-lo. Na verdade, a teoria pós-moderna argumenta que, ao contrário, é o próprio texto da narração que *constrói* o si, dando-lhe eventualmente coerência e unidade. A alegada substancialidade, atribuída pelo pensamento metafísico ao si *real* e materialmente vivo que age como autor da própria história, longe de ser seu prerrequisito, é, portanto, apenas o produto fantasmático do si textual, isto é, o resultado do poder performativo do texto e das suas estratégias retóricas.

Nem o mecanismo muda muito quando se trata de um exercício biográfico em vez de autobiográfico. Na perspectiva pós-moderna, a centralidade demiúrgica do texto continua a produzir o herói da história narrada, ainda que não seja ele mesmo a narrá-la. Histórias inventadas e histórias de vida, romances e biografias ou autobiografias mostram, pela tradição, que alcançam um mesmo módulo: a construção retórica de um si substancial e autorreferencial, com a intenção de valorizar a própria interioridade, chamada "sujeito clássico".

Para a maioria das feministas norte-americanas, tanto na biografia quanto na autobiografia está, portanto, em jogo um si do qual os cânones pós-modernos temem sobretudo a substancialidade, isto é, o perfil metafísico do sujeito. Por uma teimosa afeição ao fragmentar-se do sujeito clássico, a visão pós-moderna também suspeita – por princípio – da *unicidade* do si, que é muito e perigosamente semelhante à ideia de um sujeito unitário, substancial e autorreferencial. Como já foi dito, estamos em um âmbito de reflexão que privilegia a centralidade do texto inaugurada por Roland Barthes e permanece em contínua tensão com a fórmula segundo a qual o si é apenas um efeito de linguagem.

---

5 J. V. Gunn, *Autobiography. Toward a Poetics of Experience*, 1982, p. 30.

A questão da auto-bio-grafia está, portanto, focalizada, em princípio, no *graphein* em detrimento tanto do *bíos* quanto do *auto*.

Também sob uma ótica textual privilegiada, a perspectiva feminista se empenha, de todo modo, a radicalizar sua batalha ao embaralhar as cartas na mesa. Na verdade, intervém a chamada diferença de gênero. A acusação fundamental é que tanto a crítica tradicional quanto aquela centralizada no texto nunca tenham "explicado totalmente as características peculiares das autobiografias [e das biografias] escritas por mulheres, limitando-se a homologá-las àquelas masculinas – ou, pior ainda, a excluí-las da análise, ou a tratá-las como uma espécie de subgênero."[6]

Reconduzindo o módulo clássico à longa "história de uma ideologia do si",[7] o feminismo anglo-americano, embora articulado e complexo, alcança um princípio comum: a unicidade do si, apesar de conscientemente reivindicada como real e materialmente existente, não passa de uma construção ideológica do cânone autobiográfico tradicional e patriarcal que, como tal, é denunciado e refutado. Assim, abrem-se diversas estratégias teóricas: por exemplo, descobrir se as mulheres desde sempre demarcaram uma diferença nesse gênero narrativo, ou indicar qual é o modo correto de escrever ou ler histórias de vida no horizonte do feminismo pós-moderno.

---

6 Luana Mattesini, "Scrivere di sé: una rassegna critica sull'autobiografia femminile", *dwf*, nº 2-3, 1993, p. 28-47. O título já diz tudo: o artigo é uma útil revisão da literatura feminista, sobretudo estadunidense, dedicada à autobiografia e tem o mérito de reportar em nota uma ampla documentação bibliográfica à qual me refiro. Em particular no mundo de língua inglesa, esse tipo de estudo conheceu, nos últimos anos, um crescimento notável e cada vez mais interessante, que não parece próximo de se exaurir. (N. A.)

7 Felicity A. Nussbaum, *The Autobiographical Subject*, Baltimore; Londres: The J. Hopkins University Press, 1989, p. 12.

Justamente porque o horizonte é pós-moderno, apesar da variedade das abordagens, delineia-se, portanto, um acordo sobre princípios gerais. Um deles afirma a peculiar não univocidade do si – isto é, a sua fragmentação constitutiva – na escrita auto/biográfica[8] feminina. Outro destaca como "o percurso individual se entrelaça constantemente ao coletivo, na convicção de que algo da própria vida seja comum a muitas vidas femininas."[9] Outro ainda denuncia o risco de um modelo auto/biográfico das "mulheres brancas", que viria a ser o culpado por hegemonizar o próprio campo da crítica feminista.

Analisado de uma perspectiva histórico-semântica ou formal-linguística, lido de um ponto de vista literário ou sociológico, é correto afirmar que, nesse âmbito de discussão, permanece intocado o papel central do texto. A especificidade feminina é uma especificidade textual. A abordagem feminista à auto/biografia, mais do que se referir à unicidade sexuada do existente, nega a sua materialidade e, mais ainda, sua unidade. Com efeito, diante da conhecida questão metafísica do Um no falogocentrismo filosófico, a *unidade* tem sido demonizada no horizonte pós-moderno e pós-estruturalista que essas feministas acolhem: o curioso resultado, como diria Christine Battersby, é que acabam por confirmar a tradicional acepção patriarcal que deseja a "mulher como um si fragmentado, incoerente e resistente a qualquer síntese."[10]

---

8 O neologismo do termo "auto/biografia" aparece no título e no texto do livro de Liz Stanley de acordo com critérios teóricos explicados pela autora. O uso que faço dele deve ser compreendido como uma escolha de mera comodidade tipográfica. Por auto/biografia quero dizer simplesmente as duas: a biografia e a autobiografia. (N. A.)

9 L. Mattesini, op. cit., p. 39.

10 Christine Battersby, *Gender and Genius*, Londres: The Women's Press, 1989, p. 151.

Também é curioso destacar como a cena supracitada, na livraria nova-iorquina, cria um obstáculo para essa perspectiva teórica. É muito provável que nossa leitora não mostre tanto interesse pelos cânones pós-modernos de uma desconstrução do texto quanto por uma história de vida capaz de narrar a *unicidade* de sua protagonista. O que mais ela pode estar buscando nas fotografias, a não ser essa unicidade da forma do corpo e da expressão do rosto? O que atrai sua concentração, a não ser essa "prova" material de uma mulher que de fato viveu, em carne e osso, em uma época e um lugar?

A fotografia também é um texto e, claro, tem um autor, ou seja, é uma imagem construída de um ponto de vista particular. Uma fotografia, então, também constrói um sujeito, como a própria Liz Stanley argumenta com palavras convincentes. Todavia, podemos especular, com credibilidade, que a leitora nova-iorquina busca a materialidade viva desse sujeito *além* da sua construção fotográfica e apesar dela. De resto, quem de nós, devoradoras apaixonadas de auto/biografias, não gostaria de ter encontrado Virginia Woolf para ser espectadora direta de sua ação e do seu aparentar-se? Quem de nós não olha para suas fotografias – penduradas aqui e ali nos muros do "quarto todo nosso" – como um substituto desse encontro que não aconteceu?

Virginia Woolf é um exemplo apropriado. Porque, se é verdade que todos os seres humanos são únicos, também é verdade que alguns são notáveis, excepcionais. O fato é que não apenas quem é excepcional deixa para trás uma história. O si narrável é uma figura da unicidade, não da excepcionalidade. E as mulheres que escrevem biografias ou autobiografias entenderam isso há tempos. Ao lado das autobiografias de mulheres célebres, não é raro encontrarmos na livraria aquelas dedicadas a mulheres *comuns*. É aqui que mora o sortilégio do texto biográfico: a mulher comum, que é sua protagonista, mostra-se única e irrepetível.

Sua história de vida, muito antes de testemunhar a tipologia histórica de uma classe ou de uma condição feminina, coloca em palavras sobretudo a unicidade de sua identidade pessoal.

Estamos em uma livraria. O horizonte editorial que abraça a operação faz que a narração não se dirija, como um presente pessoal, à protagonista da história, mas a um público de leitoras e de leitores. Aqui, portanto, não está em operação nem o gesto de Amalia nem o paradoxo de Ulisses. Contudo, é sempre a unicidade – que subentende a pergunta sobre o *quem* – que rege a regra clássica segundo a qual a história é contada e lida. Outras intenções de escrita ou de leitura são obviamente possíveis, até inevitáveis e necessárias, mas não desmentem nem afetam a regra clássica tanto em seu motivo quanto em seu resultado.

São muitas as abordagens possíveis a um texto auto/biográfico. À narratologia, em sua versão pós-moderna peculiar, interessa o texto como construção da identidade: mais ou menos adequadamente fragmentada e insubstancial, múltipla e excêntrica. À abordagem sociológica, interessa mais, ao contrário, a complexidade tipológica ou o contexto sócio-histórico que transparece da história. Não vale a pena mencionar a amplitude dos interesses da crítica literária. Aquilo que a leitora nova-iorquina da nossa *fábula* procura e encontra no texto é algo que vem antes desses métodos de leitura e os torna possíveis.

As biografias e as autobiografias, antes de serem os lugares textuais de uma hermenêutica refinada e profissional, são histórias de vida narradas por escrito. Embora necessariamente construídas de acordo com os cânones mais variados, conforme a época e os gostos, contam de um si narrável cuja identidade, única e irrepetível, é aquela que vamos buscar nas páginas do texto. Mesmo que essa identidade seja *apresentada* como uma segmentação fragmentária e múltipla do si que desmentiria sua *unidade*. A nossa tese, mais uma vez, é que a raiz etimológica que os termos "unicidade" e "unidade" compartilham não os condensa – nunca – em uma substância homogênea, mas faz desses termos os signos de uma existência cuja história de vida é diferente de todas as outras justamente porque está constitutivamente entrelaçada a muitas outras.

É indubitável o efeito de consistência na identidade narrada em forma de história. Como dizem duas sentenças de Hannah Arendt, que ainda não nos cansamos de repetir, na biografia torna-se tangível "a identidade imutável da pessoa", "a essência de *quem* se é". Para Arendt, que não se interessa nem pelo texto nem pela hermenêutica infinita do leitor, essa identidade é imutável porque a narrativa vem depois daquele fluir da ação da qual resulta a história de vida. Da mesma forma, o *quem* surge na história como uma essência porque a narração é sempre retrospectiva: ela *para* aquilo que, no fluxo expressivo da existência, não é estável nem estacionário.

Parece-nos, contudo, que, mais do que a imutabilidade, é justamente a unidade do si tornada tangível pela narrativa que move o desejo do si narrável em busca da narração de uma história de vida. Em outras palavras, a familiaridade narrativa da memória, que constitui o si como uma identidade narrável, tem na unidade dessa identidade o *ideal* do seu desejo. A unidade é, portanto, a figura de uma i-nata e inexaurível tensão: é o desenho prometido, desde o nascimento, a um existente único, uma vez que se expõe ao mundo deixando para trás uma história. Quem é único, justamente, também é uno no próprio ato do seu exibir-se. E já o era, antes de tudo, no seu nascimento, quando já era um *quem* sem que fosse ainda um *o que*; pois, no seu novíssimo início, era uma *unidade única* da qual ainda não se podia pregar nem a multiplicidade, nem a fragmentação, nem a descontinuidade.

De resto, o princípio do prazer é desde sempre um bom critério para identificar o desejo. A leitora nova-iorquina, como muitas de nós, gosta de textos auto/biográficos. Ou seja, gostamos de histórias de vida nas quais o efeito reificante da narração, seja qual for seu estilo ou sua intenção, torna tangível a unidade irrepetível de um si na unidade de sua história. Essa unidade não deve ser, é claro, compreendida como homogeneidade. Ao contrário, é provável que seja justamente a personalidade desigual da protagonista que atrai, por simpatia, o interesse da leitora contemporânea.

Um possível equívoco, no entanto, precisa ser esclarecido. A história de vida de um si cuja identidade ocorra como uma unidade *simples*, como o desenvolvimento coerente de uma substância imutável, decerto não pode resultar de uma identidade relacional e expositiva, imersa no fluxo da existência e incontrolável por definição. Essa unidade é, em vez disso, o suceder-se no tempo de *uma* existência irrepetível que, ao continuar a aparecer, tornou-se história, ou seja, é o configurar-se na temporalidade de um *ipse*. Em outras palavras, o texto não narra a história do *o que* da protagonista, mas do seu *quem* insubstituível. A unidade está precisamente nessa *insubstituibilidade* que *permanece* no tempo porque continua a apresentar-se nele.

No que diz respeito às várias estratégias retóricas colocadas em ato pela auto/biografia, parece que a insubstituibilidade de um si que permanece durante toda a sua existência, do nascimento à morte, suscita poucas dúvidas no bom senso da leitora nova-iorquina e naquele da nossa proverbial serva trácia. A despeito do desencanto que deveria nos fascinar, não levamos esse bom senso em grande consideração. Sabe-se que todo ser humano nasce e vive até sua morte. Ninguém pode substituí-lo nesses eventos de sua existência, e ele ou ela não pode ser tornar outro ou outra para escapar desses mesmos eventos. Podemos, assim, tentar responder à clássica pergunta dos especialistas: a jovem Emilia, a Emilia adulta, a Emilia que se comove depois de receber de presente a sua história é sempre a *mesma*? Podemos dizer, sobre ela, que é *ipse* ou *idem*? Ou, melhor, que é *ipsa* ou *eadem*?

Sim, ela é sempre a mesma, ressoa nossa resposta. Emilia, como Édipo, como todo ser humano, é *quem* nasce e vive até sua morte. O equívoco dessas perguntas sobre a permanência da identidade está, na verdade, na confusão do estatuto do *quem* com aquele do *o que*. O *o que*, isto é, as qualidades, o caráter, os papéis, os comportamentos do si, mudam e são inevitavelmente múltiplos e multiplamente julgáveis, re-interpretáveis. O *quem*, como unicidade do si na sua concreta e *insubstituível* existência, permanece no seu contínuo exibir-se, consistindo nessa intranscendente exposição.

A esse respeito, Hannah Arendt observa que, embora a identidade pessoal não possa ser trocada por outra, mantém uma espécie de curiosa intangibilidade que escapa a todos os esforços de uma definição verbal inequívoca:

> [...] no momento em que queremos dizer *quem* alguém é, o nosso próprio vocabulário nos leva, de modo enganoso, a *dizer o que* ele é; nós nos emaranhamos numa descrição de qualidades que ele partilha necessariamente com outros que são semelhantes a ele; começamos a descrever um tipo ou um "caráter", no velho sentido da palavra, e o resultado é que sua unicidade específica nos escapa.[11]

Arendt, portanto, destaca um tema importante. Não apenas o *quem*, isto é, a identidade, subtrai-se à definição verbal, mas o exercício definidor operado a seu respeito produz, de forma equívoca, uma nomeação do seu *o que*. A ordem discursiva que diz *quem* alguém é não se relaciona à arte (genuinamente filosófica) da definição, e sim à da biografia. A identidade pessoal, que, sob o olhar dos outros e também na momentaneidade de um encontro, não pode ser trocada por outra, encontra, assim, na história de vida a sua distensão temporal, ou seja, o dinamismo contínuo da sua permanência. Em outras palavras, a resposta verbal ao *quem* alguém é sempre consiste na narração

11 H. Arendt, *Vita activa*, 1989, p. 132.

da sua história, isto é, na narrativa em que esse alguém já consumou no tempo – ao menos, até este momento – a existência irrepetível de *um* insubstituível.

Em uma história de vida, é claro, são narradas também as qualidades do protagonista. Uma vez que não existe um *quem* que não esteja desde sempre entremeado ao seu *o que*, ou que deste seja dissociável, a narrativa diz também *o que* alguém era e é, e assim oferece um material interessante à análise histórica e sociológica, além da literária. Nesse sentido, às vezes a narrativa faz do protagonista um "caráter" ou um "tipo" – ainda que um "tipo" da fragmentação existencial –, tornando-o exemplar sob esse perfil e, por isso, intercambiável com muitos outros. Se não temêssemos a ambiguidade do termo, até poderíamos dizer que a narrativa biográfica tende a evidenciar as várias identidades por meio das quais o próprio protagonista transita: por exemplo, no caso de Emilia, a sua identidade de proletária urbana ou de dona de casa recém-letrada. Mas não é bem *esse* o tipo de identidade do qual falamos. De acordo com Hannah Arendt, o termo "identidade" não deve ser entendido como aquilo que resulta de um processo de identificação, ou então de uma construção social, mas como aquilo que designa uma existência singular em sua unicidade não catalogável. Embora entremeada inextricavelmente com as várias identidades tipológicas e plurais, assim como o *quem* está sempre entrelaçado ao *o que*, é a história da identidade pessoal, única e irrepetível, que um texto biográfico narra. Tal identidade, tornada tangível pela narrativa, é, de todo modo, o que comove Emilia e suscita o interesse da nossa leitora nova-iorquina.

Do ponto de vista do si narrável, isto é, na economia do seu desejo, as intenções estilísticas do texto, na realidade, não contam, e, no extremo, não conta nem sequer o texto. A leitora nova-iorquina é testemunha disso. Não sabemos o que ela encontrou, mas chegamos bem perto de saber o que estava procurando. Buscava uma história de vida e devorava com os olhos as fotografias da protagonista. Portanto, antes de ler o texto, e por isso mesmo antes de conhecer seu estilo e suas intenções, o seu desejo se dirigia a uma narrativa biográfica sem ter ainda alguma orientação crítica perceptível.

Na verdade, é muito provável que o desejo de ler auto/biografias dos outros seja uma espécie de reflexo espontâneo do desejo de narração do si narrável. E é bastante sintomático que, na perspectiva de ler as histórias dos outros, a distinção entre biografia e autobiografia não conte mais. Ao contrário do que acontece nas amizades narrativas, aqui não há relação nem troca: o si narrável descontextualiza, nesse caso, o seu desejo e o transfere à obra já confeccionada. Amalia e Emilia se conheciam e se narravam uma à outra: uma era *para* a outra um si narrável que manifestava à amiga o seu desejo de narração. A leitora nova-iorquina, ao contrário, não narra a si mesma, assim como, no contexto anônimo da livraria, não solicita a alguém que a narre. Limita-se a procurar, no texto, a história de outra mulher. Mais uma vez, aquilo que orienta essa busca é simplesmente a convicção de que todo ser narrável tenha uma vida cuja história seja possível narrar.

A predileção pelos textos auto/biográficos, obviamente, não diz respeito apenas às mulheres nem limita o prazer das leitoras em um âmbito de escritoras ou de heroínas do mesmo sexo que o delas. Todavia, o fenômeno de um circuito todo feminino – se não feminista – de editoria auto/biográfica é proeminente. Os motivos são muitos. Primeiro, pode se tratar do prazer de ler histórias de mulheres como reação louvável à infindável literatura auto/biográfica dedicada por séculos aos homens, a qual parece fazer deles os únicos protagonistas de uma vida que é digna de deixar para trás uma história. Segundo, pode se tratar do efeito de uma "reivindicação" de existências femininas que, embora estejam no tradicional confinamento decidido pelos cânones sociais, vivem *lives-with-meaning*, vidas-com-significado; obviamente, um significado peculiar e diferente. Em terceiro lugar, e mais elementar, pode se tratar da simpatia ou da empatia que a semelhante experimenta pela semelhante. Mas essas não são as questões fundamentais.

Parece lícito criar a hipótese de que se trata, em vez disso, de um efeito de *orientação literária* devido ao caráter narrativo das amizades femininas. Em outras palavras, o texto auto/biográfico acaba por substituir a amiga que se narra, mesmo na ausência de uma relação de reciprocidade. Como já mencionado em referência ao episódio de Emilia, a tradicional exclusão das mulheres das glórias bimilenárias do sujeito, ou melhor, das suas representações, funciona também como uma vantagem no hábito feminino do exercício narrativo. A cena dúplice na qual se movimenta Édipo desenha uma tragédia que, justamente, só poderia acontecer a um homem. Isso não elimina o fato de que muitos homens tenham sido desde sempre – e, por alguns séculos, de maneira exclusiva – grandes narradores: da épica ao romance, à auto/biografia etc. No entanto, esses provavelmente estiveram no interior dessa iminente tragédia.

Há, portanto, alguma verdade na crítica das feministas pós-modernas à centralidade fantasmática do sujeito clássico na tradição auto/biográfica e narrativa de mão masculina. Contudo, não nos parece tão verdadeira a consequência apresentada por algumas delas, isto é, o convite a considerar uma narração de si fragmentária e múltipla como prática primorosamente feminina. Parece-nos mais útil, ao contrário, valorizar aquela experiência que, por destino, salvou as mulheres das garras dessa tragédia. O lado positivo é que o hábito da não universalização do si no homem – indevida, contraditória e impossível – tornou as mulheres grandes narradoras da relação recíproca e dos relacionamentos de amizade, mesmo quando havia poucos *textos* para certificar isso.

Na verdade, é um pouco improvável que o sujeito clássico projetasse sua sombra nas páginas escritas por Amalia para Emilia. Também não nos parece que Emilia desejasse, com aquelas páginas, uma fama que a fizesse ascender ao alto céu, isto é, uma fama imortal: capaz de superar uma morte que o herói, para além das análises arendtianas, parece assumir como medida de sua existência. Como retrata o paradigma feminino do si narrável, o episódio milanês tem o mérito de evidenciar a essencialidade do contexto e a inessencialidade do texto. O texto, claro, existe, e Emilia se comove porque existe. Mas ele é, para nós, invisível: não podemos "estudá-lo" nem "julgá-lo" para rastrear *a partir* dele a identidade de Emilia. Não podemos fazer do seu si um si textual, decidindo, talvez, os efeitos performativos da escrita. Esse texto só existe em relação com o desejo de Emilia e no contexto de seu relacionamento com Amalia.

Até podemos admitir que, nesse texto, Emilia assume o estatuto moderno de "personagem", ou seja, corre o risco de encarnar "uma essência psicológica",[12] encontrando, além disso, a figura da sua identidade na forma de uma irremediável reificação. Por outro lado, o movimento oposto, curiosamente, também passa a ser verdadeiro para ela. Encontrar-se "personagem" funciona, na verdade, como uma confirmação da sua "atuação", isto é, de que é ela *quem* se exibe na ação e deixa para trás uma história. Na economia do desejo, o efeito do texto é, portanto, polivalente.

Em todo caso, tal desejo não é dirigido a uma narração que tenha o poder de ultrapassar a morte da protagonista. Ao contrário, dirige-se, aqui e agora – por assim dizer, na atualidade de sua tensão –, à promessa de unidade do si que a outra, mais do que satisfazer, pode reconhecer. Imortalizar-se nos séculos é um feito de heróis, talvez também de poetas, artistas, navegadores, ou, mais recentemente, de capitães de indústria e professores universitários. Não surpreende, portanto, que, da elevação de sua grandeza, eles percebam o texto como um olhar

---

12 R. Barthes, "Introduzione all'analisi strutturale dei racconti", 1984, p. 29.

póstumo que continua a perpetuar o hábito viril de lidar com a morte.

Há até uma antiga disputa entre o narrador e seus heróis. A fama imortal destes depende daquele. Como bem sabe Horácio – cujos versos erigem "um monumento mais duradouro do que o bronze" e tornam maior o seu "eu imperecível" no louvor da posteridade –, "muitos bravos guerreiros viveram antes de Agamemnon, mas todos jazem oprimidos pela infindável noite, desconhecidos, sem serem pranteados, por não terem um bardo sacro que lhes cante a vida".[13] O narrador é, portanto, aquele que, no fim, conquista maior fama. Assim, o teorema da inessencialidade do texto também tem o mérito de tornar supérflua essa disputa maliciosa sobre a fama imortal.

De resto, às vezes um pouco de malícia não faz mal. Pode-se suspeitar, maliciosamente, que toda a questão da centralidade do texto, que reduz a existência do ser vivo a um *status* de extra-textualidade, depende, em última análise, da conhecida tendência dos intelectuais a representar o mundo à sua imagem e semelhança. Trata-se, sabemos, de um antigo vício, que talvez surja com Parmênides – o primeiro *pensador* profissional –, o qual declara que "ser e pensar são o mesmo". O "penso, logo existo" cartesiano e o "tudo o que é real e racional", de memória hegeliana, fazem-lhe eco ao longo dos milênios. Depois disso, em épocas mais recentes, até o sujeito esmorece, mas não a sacralidade do trabalho intelectual que por séculos fingiu colocá-lo no mundo. Ao contrário, tal trabalho intelectual, especulando incansavelmente sobre si mesmo, decide que os próprios especuladores são um produto fictício do jogo especular. Assim, com um gesto democrático, o texto abocanha de uma vez só a existência de todos: filósofos e servas, heróis e poetas, personagens e autores.

---

13 Horácio, *Odi*, 3, 30 e 4, 9 (in *Le opere*, trad. Tito Colamarino, Turim: Utet, 1957). [Ed. bras.: *Odes*, trad. Pedro Braga Falcão, São Paulo: Editora 34, 2021.]

Não é por acaso que a nossa leitora nova-iorquina demonstra forte interesse pelas histórias de vida, acompanhadas por belas fotografias, e não pela crítica filosófica ou literária. É evidente que já se cansou dos livros escritos por alguém que, embora assine seu nome na capa, insiste em argumentar sobre a irrealidade tanto da sua própria existência quanto da existência dela.

Terceira parte

Amantes

A outra necessária

Faz umas seis semanas que Gertrude Stein disse: 'está querendo me parecer que você nunca vai escrever a tal autobiografia. Sabe o que vou fazer? Vou escrevê-la para você'.
— GERTRUDE STEIN, *A autobiografia de Alice B. Toklas*[1]

Gertrude Stein é conhecida por ter sido capaz de corromper os cânones fundamentais do gênero autobiográfico. Ao escrever *A autobiografia de Alice B. Toklas*, ela contraria a regra elementar que dita que o protagonista de uma autobiografia é também seu autor. No livro em questão, tal coincidência é evidente. Como anuncia o título, ela escreve e assina a autobiografia de outra, isto é, *A autobiografia de Alice B. Toklas*, na qual Alice fala em primeira pessoa. Alice vive com ela: é sua amiga e amante. A relação das duas está consolidada. No estranho empreendimento autobiográfico, há uma estreita colaboração que as torna cúmplices. Gertrude escreve a mão e Alice bate à máquina. Alice, portanto, reescreve, copiando palavra por palavra, a *sua* autobiografia, escrita por outra, cuja narradora é ela mesma.

1 G. Stein, *A autobiografia de Alice B. Toklas*, São Paulo: Lafonte, 2021.

É possível pensar em um truque engenhoso que consiste em camuflar como autobiografia – ao escrever em primeira, e não em terceira pessoa – o que, na realidade, é a biografia de Alice escrita por Gertrude. Há um truque, mas não é esse. Na verdade, o livro não fala de Alice, mas de Gertrude e das suas relações com o ambiente intelectual parisiense. Em outras palavras, no *texto*, Alice Toklas narra uma autobiografia centralizada sobretudo em Gertrude Stein e nas pessoas extraordinárias que ela encontra ou conhece. Alice, é claro, também participa da extraordinariedade do ambiente, mas em um papel secundário: ela é a companheira, "mulher", da genial Gertrude Stein.

Em última análise, *A autobiografia de Alice B. Toklas* é, portanto, uma autobiografia de Gertrude Stein, escrita por Gertrude, na qual a própria Gertrude surge no texto, no entanto, como um personagem narrado por Alice. O jogo da ficção também pode ser formulado de outra forma. Pode-se dizer que, em *A autobiografia de Alice B. Toklas*, a própria Alice, embora apareça no papel autobiográfico da primeira pessoa, acaba assumindo o papel da biógrafa de Gertrude Stein. Em resumo, a ficção é complexa e divertida justamente porque é explícita. Os gêneros autobiorafia e biografia se sobrepõem. Os papéis do "si-narrante" e do "si-narrado" embaralham o nome de Alice com o de Gertrude, confundindo o leitor. As possíveis interpretações do gesto transgressor que sustenta o texto tornam-se, portanto, multíplices, entre as quais aquela relacionada ao paradigma pós-moderno. De um ponto de vista elementar, algo é certo. Gertrude escreve a sua história de vida *e a faz* ser contada por outra: por Alice, sua amiga e companheira, sua amante.

Como muitos estudiosos notaram, trata-se de uma história de vida que não tem, de forma alguma, o perfil clássico da narrativa, muito menos daquela que se inspira na confissão ou no romance. Pelo contrário, a ótica privilegiada é a da visão radicada na atualidade do acontecimento.[2] Alice – na famosa escrita experimental de Gertrude – olha e descreve o que vê. Ela vê entrar na casa parisiense de Gertrude personagens extraordinários observados do seu ângulo de visão, quase sempre secundário. E, assim como os vê, ela os narra. Da mesma forma, vê e descreve a visita de Gertrude às mostras ou aos estúdios dos mais célebres pintores da época. Também nas digressões, que avançam ou recuam no tempo e são abundantes no texto, a técnica visual permanece como uma escolha fundamental.

O privilégio do olhar sinaliza, portanto, outro truque crucial. Gertrude constrói um texto no qual se vê com os olhos da outra, isto é, em termos arendtianos, constrói uma cena na qual paradoxalmente aparece para *si mesma* da única forma que é possível aparecer: pelo olhar de um outro.

Para dizer a verdade, muitos artistas notáveis da época aparecem sob o olhar de Alice e são descritos, narrados por ela. Mas Gertrude permanece no centro da visão e a orienta. Na verdade, a presença dos outros, observados e narrados por Alice, permite que a história de Gertrude evidencie a característica de entrelaçamento com as histórias dos outros que constitui a realidade expositiva e relacional do si. O gigantesco egoísmo de Gertrude Stein consegue, assim, produzir uma ficção literária de histórias entrelaçadas nas quais ela mesma domina, e Alice, a amante, a amiga, aparece como a outra que a olha e a outra que a narra. O texto funciona como uma espécie de teatro de si, no qual Gertrude Stein encena o seu impulso exibitivo e o seu desejo de narração. Alice, que olha e narra, mais do que um artifício literário, torna-se, aqui, *a outra necessária*.

A dinâmica do texto testemunha que Alice não desempenha um mero papel instrumental: a narrativa se desenvolve a

---

2 Simona Cappelli, "Le autonarrazioni di Gertrude Stein", *dwf*, nº 2-3, 1993, p. 52ss.

partir da posição de quem olha e narra. Dito de outra maneira, Gertrude Stein não se limita a criar um mecanismo narcísico engenhoso, mas adapta ao máximo a sua escritura à posição perspectiva e narrativa da outra. Deixa, por exemplo, que Alice, sem estar envolvida em uma conversa entre Gertrude e Picasso, tenha tempo para observar sozinha, e do seu ponto de vista, os quadros nas paredes. O privilégio da orientação visual, completamente imerso na atualidade de um presente que faz coincidir a narração com a descrição, produz, assim, a curiosa ausência de qualquer aceno sentimental. Desprovido de complacências introspectivas e de investigações psicológicas, o texto é uma festa da exibição e da aparência. A realidade do si, em vez de ter uma interioridade, é toda *externa*. Alice narra aquilo que vê no momento em que vê. Assim como os quadros de Picasso, Gertrude é tal como aparece ao olhar da outra. "Conheci Gertrude Stein. Fiquei impressionada com o broche coral que ela usava e com sua voz",[3] narra Alice no texto escrito por Gertrude. Aquele encontro marca o início de uma relação amorosa que a narrativa, no entanto, não carrega de nenhum sentimentalismo retrospectivo.

Como resultado de uma curiosa ficção que denuncia descaradamente a si mesma, o texto é, portanto, interessante não apenas como transgressão do gênero autobiográfico, mas também pelo desejo que sustenta seu engenhoso mecanismo. E a fortuna crítica feminista deixou bem claro que tal desejo está estreitamente relacionado a uma relação lésbica.[4] Além disso, a capacidade do

---

3 G. Stein, *Autobiografia di Alice Toklas*, Turim: Einaudi, 1938. [Ed. bras.: *A autobiografia de Alice B. Toklas*, trad. Otavio Albano, São Paulo: Lafonte, 2021.]

4 Catherine R. Stimpson, "The Mind, the Body, and Gertrude Stein", *Critical Inquiry*, nº 3, 1977, p. 489-506; Leigh Gilmore, "A Signature of Lesbian Autobiography: Gertrude/Altrude", *Prose Studies*, nº 14, 1991, p. 50-68; Sindonie Smith, *Subjectivity, Identity and the Body*, Bloomington; Indianápolis: Indiana University Press, 1993, p. 65-82.

livro de encenar uma relação entre Alice e Gertrude descrita em termos de reciprocidade tanto visual quanto narrativa também é notável. O jogo é descoberto. As duas amigas são cúmplices. Alice bate a máquina, isto é, primeiro lê e depois reescreve as páginas que Gertrude escreveu a mão. Alice não é uma datilógrafa profissional. Precisou aprender a usar a máquina de escrever para apoiar o empreendimento de Gertrude. A convivência entre elas é, em grande parte, baseada no modelo tradicional de um casal, no qual uma delas, a escritora, o gênio, assume o papel do marido, enquanto a outra, a cozinheira, a secretária, assume o papel da esposa. Gertrude escreve, Alice passa a limpo.

Obviamente, o texto que resulta disso é importante, até exemplar como experimentação literária, mas faz, antes de tudo, parte do jogo. Tal texto, na verdade, consegue produzir estratégias retóricas curiosas justamente porque representa uma relação real e funciona também como imagem do desejo recíproco, visual e narrativo, que a caracteriza. Em resumo, *A autobiografia de Alice B. Toklas* transgride os cânones clássicos da autobiografia porque insere na escrita o caráter relacional de um si que o gênero autobiográfico – como tal – está impossibilitado de colocar em palavras.

De um ponto de vista rigoroso, o texto de Gertrude Stein também não foge a essa regra. Na verdade, ele é escrito por Gertrude e narra principalmente episódios sobre Gertrude. A Alice que fala em primeira pessoa é apenas uma ficção. Todavia, exatamente pela natureza particular dessa ficção, o texto foge, em certo sentido, à regra: pelo menos tanto quanto é possível fazê-lo. Na ficção, ao contrário, é a outra que olha Gertrude e narra sua história. A cumplicidade de Alice nessa façanha alimenta o truque e o aperfeiçoa. Um dos mais atrevidos exemplos de egoísmo na literatura contemporânea nos dá, assim, uma lição de altruísmo.

Antes de ser um estilo de vida generoso a serviço dos outros, o altruísmo é, na verdade, o princípio básico de um si que se sabe constituído pelo outro: o *outro necessário*.

Se, além de Emilia, até Gertrude Stein (que se proclamava, sem meias palavras, um gênio) pode interpretar a imagem do si narrável e do seu desejo, uma pergunta parece mais do que óbvia. Isso é uma orgia narcísica centralizada no prazer de ouvir a própria história sendo contada? Talvez se trate da torção auto/biográfica do típico individualismo moderno, com tempero feminista?

O herói arendtiano, que desde o início nos faz companhia, muitas vezes foi acusado de narcisismo exibicionista, isto é, a acepção arendtiana de política foi julgada constitutivamente narcisista. Talvez tenhamos alguma dúvida em relação a Gertrude Stein, mas logo se vê que é muito mais difícil aplicar a mesma condenação a Emilia. Não apenas porque o narcisismo é uma questão individual, na qual o outro (se houver) só funciona como um espectador a quem deslumbrar, mas porque a unicidade que arendtianamente se expõe leva à cena um si frágil e impossível de controlar. Tanto o si exibitivo da ação quanto o si narrável são irresistivelmente entregues aos outros. Nessa entrega total, não há, portanto, uma identidade que se reserve espaços protegidos ou cômodos íntimos de refúgio impenetrável para autocontemplar-se.

Sendo assim, a autobiografia é um lampejo de desejo, o beco sem saída de um percurso errado. Por isso, Gertrude Stein desafia o gênero autobiográfico escrevendo um texto no qual é a outra que a narra. O caráter narrativo da memória é, na realidade, tudo aquilo em que o si narrável consiste sem que, no entanto, seja possível haver alguma distância da memória. Narrar-se é distanciar-se, duplicar-se, tornar-se outro. Não por acaso, a narratologia deve cimentar-se na "anômala coincidência entre autor, narrador e personagem" que é típica da obra autobiográfica.[5] Assim, na autobiografia, há a estranha pretensão de um si que se torna outro para poder se narrar, isto é, de um si

---

5 Andre Battistini, *Lo specchio di Dedalo. Autobiografia e biografia*, Bolonha: il Mulino, 1990, p. 129.

que, utilizando como espelho separado a memória em que consiste de forma inseparável, surge a si mesmo como outro: externaliza sua íntima autorreflexão. O *outro*, então, é o produto fantasmático de uma duplicação, a substituição de um ausente, a paródia de uma relação. Gertrude Stein sabe bem disso, pois desafia todo esse mecanismo, inserindo na cena autobiográfica uma outra que é realmente *uma* outra.

De resto, no exercício autobiográfico, a existência real do outro, mesmo como destinatário, é sempre levada em consideração: seja como ouvinte da narração feita oralmente, seja como leitor ideal a quem o texto se dirige. A narrativa oral é, contudo, sempre um ato que acontece aqui e agora, em relação à escuta de um outro, o qual está necessariamente agora e aqui. O texto escrito não tem as mesmas características de relação material no contexto. Ao contrário, como diz Derrida ao se referir a Nietzsche, um texto escrito pode se dizer *auto*biográfico não "porque o assinante narra a sua vida [...] mas porque ele narra *a si mesmo* a sua vida, porque ele é o primeiro, se não o único, *destinatário* da narração." "E assim me conto minha vida", escreve Nietzsche nas célebres páginas autobiográficas de *Ecce homo*.[6]

Todavia, é curioso que Derrida não destaque como, também em Nietzsche, a intenção solipsista seja flagrantemente traída. Embora rejeite com desdém narrar-se aos contemporâneos que nunca poderiam compreendê-lo, ele não escreve um diário íntimo, mas registra para a posteridade, para os futuros leitores a quem recomenda: "Escutem-me! Porque sou... desta e daquela maneira. Cuidado, não me confundam com outro!"[7]

---

6 F. Nietzsche, *Ecce homo*, 1986, p. 270. Cf. Jacques Derrida, *Otobiographies*, Pádua: Il poligrafo, 1993, p. 52-53. [Ed. bras.: *Otobiografias: o ensinamento de Nietzsche e a política do nome próprio*, trad. Guilherme Cadaval et al., Copenhague; Rio de Janeiro: Zazie Edições, 2021.]

7 F. Nietzsche, op. cit., p. 265.

"Não quero ser confundido com outro – isso implica que eu próprio não me confunda", repete ele pouco depois, enfático. Assim, a autobiografia nietzscheana acaba citando Édipo quase literalmente, em um texto que se inicia, significativamente, com o compromisso programático de "dizer *quem eu sou*".[8]

De fato, no exercício autobiográfico, a escrita e a oralidade sinalizam uma diferença. Há milênios os seres humanos escrevem suas histórias de vida isolados, sozinhos, mas apenas um louco conta em voz alta a própria história se for o único ouvinte. Emilia conhece com perfeição essa diferença. Distingue os seus exercícios de escrita solitários da narração contínua com a qual entedia a amiga. E é justamente em virtude da relação implícita nessa oralidade que Emilia obtém, por fim, a sua biografia escrita por Amalia.

Aquilo que o si narrável de Emilia deseja, mesmo sem o saber, é a narração de sua história pela mão ou pela boca de outro. Do ponto de vista da história que responde ao desejo do si narrável, a forma escrita ou oral tem importância secundária. O escrito tem a vantagem de maior tangibilidade, isto é, das folhas levadas com cuidado na bolsa e continuamente relidas. Ao contrário, a narrativa oral, como diria Hannah Arendt, não tem nenhuma consistência material duradoura. Contudo, o que importa desde o início, em ambos os casos, é a relação narrativa que as tornou possíveis e que se renova nelas.

Em outros termos, na biografia presenteada à outra, tanto a narrativa escrita quanto a oral colocam em palavras sobretudo a unicidade de uma identidade que apenas na relação é *bíos*, e não *zoé*.

No caso de Gertrude Stein, caracterizado por uma vocação literária precisa e por um ambiente intelectual extraordinário, a relação é nitidamente mais complexa e, podemos dizer, já está orientada na direção da escrita. Além disso, o narcisismo é um

---

8 Ibid., p. 307 e 265.

pecado ao qual Gertrude decerto não é imune. *A autobiografia de Alice B. Toklas* encontra uma forma engenhosa de lhe dar vazão, entrelaçando-o ao estatuto altruístico que pertence ao caráter relacional do si. Alguma dúvida sobre o motivo dessa negociação genial do erro narcísico, claro, permanece.

Para além do experimento de Gertrude Stein, parece injustificado acusar de narcisismo o *quem* exibitivo que pegamos emprestado da teoria arendtiana sobre a política e a narração. Na verdade, seu estatuto de realidade é totalmente relacional. Além disso, como diria María Zambrano, não há narcisismo em quem "não se olha, mas se mostra, sendo este o dom de quem não se detém para se mirar na água nem em qualquer outro espelho, mesmo que de fonte cristalina."[9] Frágil e contingente – e já marcado desde o nascimento por uma unidade que primeiro se torna promessa, depois desejo –, o si narrável é uma unicidade exposta que aguarda a própria narração. O texto dessa narração, longe de produzir *toda* a realidade do si, é apenas a consequência marginal ou o sintoma *a posteriori* de tal desejo.

O que movimenta o desejo do si narrável não é a fama, assim como o limite em que é medido o seu desejo não é a morte. Ao contrário, na cena narrativa, na qual tal desejo gera a reciprocidade do narrar-se, a morte é constitutivamente excluída da história. A narrativa da morte só pode ser póstuma. E nunca pertence a uma cena na qual o outro está presente.

Na fórmula "conte-me a minha história", quem fala é um si narrável que desde sempre vê relacionado à narrativa de outro o início e o fim de sua história de vida, isto é, a história do próprio nascimento, que se alonga até a primeira infância, e a história da própria morte. Início e fim, ainda que pertençam à mesma história, evidentemente não estão no mesmo plano. Mais do que um termo inevitável do ponto de vista do desejo da narra-

9 M. Zambrano, *I beati*, 1992, p. 77.

ção, o fim que coincide com a morte é, na verdade, a conclusão *inaudível* da narrativa. O início, ao contrário, é o capítulo essencial no qual o si é narrado antes mesmo de saber-se narrável. A unidade do si narrável é, portanto, por definição, uma unidade incompleta. A unidade do si, que o desejo de narração manifesta, tem na narrativa dos outros o seu *incipit* indispensável, mas nunca o seu *final* feliz.

Além disso, o final que coincide com a morte só exerce seu maior fascínio sob uma ótica de absoluta completude, que flerta com a ética do herói. Muito menos solene, mas muito mais significativo se mostra, ao contrário, aquele tipo de completude parcial que a troca biológica coloca em cena. Nesse cenário, é bastante perceptível uma "completude momentânea",[10] capaz de se aquietar no presente do aqui e agora, que simplesmente coincide com o fim *atual* da história. Em outras palavras, a narrativa biográfica sempre pode desfrutar da completude momentânea da sua unidade na história "até aqui", ainda que essa unidade encontre sua perfeição formal, necessariamente inaudível aos ouvidos do desejo, na palavra "fim" escrita pela morte.

Absoluta ou momentânea, a completude da narrativa de uma história de vida tem, de todo modo, um tipo peculiar. Mesmo quando escreve a palavra "fim", ela nunca cede à ilusão de uma totalidade completa. Aquilo que "no fim" se cumpre na história nunca é o *sentido completo* do si, mas o tempo de vida à sua disposição que a morte encurta. Para dizer melhor, a morte não coincide com o tratado final que *realiza* o desenho da cegonha. Nunca encerrada em uma linha perfeita que reúne o primeiro e o último ponto, a cegonha pode ser rastreada em muitos pontos da narrativa. O existente, insubstituível na duração do tempo à sua disposição, embora nasça sob a promessa do *uno*, nunca é um *todo*; e muito menos encontra na morte "uma base adequada

10 C. Steedman, *Past Tenses*, 1992, p. 48.

para estabelecer em que sentido seja possível discorrer sobre a totalidade da Existência".[11] Apenas uma perspectiva obsessivamente focalizada na morte pode ler a existência em termos de totalidade. Até o horizonte póstumo que caracteriza o motivo de muitas escritas autobiográficas[12] induz a tal obsessão.

A unicidade, justamente por sua exposição irremediável aos outros, embora fale a língua desejante do *uno*, rejeita, desde a raiz, a sintaxe do *todo*. O *en kai pan*, o Um e Todo, pertence à doutrina de Parmênides, não ao desenho de uma vida traçado por passos humanos no terreno da imprevisibilidade e da contingência. Frágil e exposto, o existente pertence a uma escolha mundana em que o entrelaçado com os outros existentes é incontrolável e potencialmente infinito. Como nas *Mil e uma noites*,[13] as histórias se entrelaçam com outras histórias. Por não estarem isoladas na quimérica completude de seus sentidos totais, elas não podem existir umas sem as outras.

Assim, o si narrável se enquadra naquilo que podemos chamar de ética relacional da contingência, isto é, uma ética fundada na ontologia *altruísta* do existente humano como ser finito. Exibido na cena interativa que Hannah Arendt chama de política, no centro da cena narrativa está um *quem* que, em vez de se fechar no orgulho do ego autorreferencial obstinado a durar para sempre, acolhe a i-nata matriz de uma existência expositiva e relacional – a qual deseja e dá, recebe e doa, *aqui e agora*, uma história irrepetível na forma de uma narrativa.

---

11 M. Heidegger, *Essere e tempo*, 1970, p. 372. Ed. bras.: Ser e tempo, trad. Márcia Sá Cavalcante. Petrópolis: Vozes, 2015.

12 Maurizio Ferraris, *Mimica*, Milão: Bompiani, 1992.

13 *As mil e uma noites*, trad. Alberto Diniz, Rio de Janeiro: HarperCollins, 2017.

Portanto, essa ética encontra um pressuposto basilar no reconhecimento de que todo ser humano, quaisquer que sejam as suas qualidades julgáveis, tem seu esplendor não julgável em uma identidade pessoal que é a sua história irremediável.

Não se trata, de modo algum, de um reconhecimento que pertence ao âmbito clássico da teoria moral, nem de um princípio do qual a ética pode ser *deduzida*. Trata-se, em vez disso, de um reconhecimento irrefletido, já operante na natureza exibitiva do si, que se torna ainda mais explícito na prática, ativa e desejante, da narrativa recíproca. Assim, o caráter relacional da ética que responde a isso não é nem sequer o fruto de uma escolha: ou seja, não é o objeto de uma possível análise, ou o resultado de uma estratégia calculada. Ao contrário, é o aspecto necessário de uma identidade que, desde o princípio, está entremeada em outras vidas – com exposições recíprocas e pontos de vista incontáveis – e necessita da narrativa de outros.

Assim, são denunciadas diretamente todas as éticas (e as políticas) universalistas fundadas no Homem, e também aquelas que usam de amostra o individualismo moderno. Ainda que de maneiras diversas, ambas as doutrinas ignoram o *quem* e focalizam *o que*. Bastaria citar o animal racional e político de Aristóteles ou o "*Homo homini lupus*"[14] de Hobbes. Todos respondem, de maneiras diversas, à mesma pergunta: o que é o homem? Essa insistência no *o que* às custas do *quem* é sintomaticamente mais verdadeira quando a teoria individualista renuncia a enfatizar a natureza competitiva dos indivíduos, ou ao menos consegue "resolvê-la" no princípio político da igualdade. O fato é que os seres humanos vivem juntos. Natural ou artificial, sua comunidade está envolvida em uma problemática

---

14 De origem latina, a expressão "O homem é o lobo do homem" é de Plauto (254-184 a.C.), mas foi popularizada por Thomas Hobbes em sua obra *Do cidadão*. (N. T.)

da ação e da convivência que não pode se abster de levar em consideração o outro. É por isso que a ética e a política muitas vezes andam de mãos dadas, como ocorreu na Grécia de Platão e Aristóteles, quando chegavam a coincidir.

No horizonte individualista, o outro – diferente ou igual, de acordo com os critérios de catalogação – é alguém que está na nossa frente e com quem devemos estabelecer regras de convivência. Ele, ou ela, nunca encarna a relação constitutiva da nossa identidade insubstituível. O outro, ou a outra, é, de preferência, alguém que *também existe* e ocupa, mais ou menos pacificamente, o mesmo território. Tanto que, na forma clássica, ou seja, das causas naturais, do individualismo, o *estar juntos*, possibilitado e disciplinado pela política, é o resultado "artificial" de um acordo, não a condição basilar dos seres humanos, que são constituídos por um *ser juntos* que, no espaço plural da aparência, lhes mostra a unicidade e lhes garante a realidade. Mas não é preciso recorrer a Hobbes e à sua célebre teoria da guerra de todos contra todos para notar como os fundamentos da doutrina individualista ignoram exatamente a relação constitutiva do si *com* o outro. *Ut singuli*, pela natureza drástica de Hobbes, mas, em todo caso, separáveis – na verdade, desde a origem separados um do outro –, os indivíduos da doutrina moderna são, para si mesmos, fonte de valor e direito. Sua maior preocupação é a necessidade de prestar contas aos outros: negociar regras, aceitar limites, estabelecer compromissos.

Também não vale a pena ilustrar exaustivamente o modelo neutro-masculino que os embasa e ao qual o pensamento feminista há tempos dirige suas críticas.[15] Nossa abordagem atual ao problema nos permite uma crítica ainda mais maliciosa, que consiste em sinalizar um aspecto curioso da doutrina moderna. Essa

---

15 Eu mesma tratei desse problema em "Modello democratico nell'orizzonte della differenza sessuale", *Democrazia e diritto*, nº 2, 1990, p. 221-241. (N. A.)

tanto se mostra disposta a assumir com entusiasmo a categoria de individualidade quanto parece predisposta a rejeitar com desdém aquela da unicidade. Como demonstra o léxico elementar da democracia, a individualidade é um paradigma repetível, atomizado, serial: cada indivíduo, sozinho, vale por *um* tanto quanto qualquer outro, é igual porque equivalente. A unicidade acaba tornando vão seja o conceito de repetição, seja o princípio de generalização que alimentam a teoria individualista. A unicidade é uma diferença absoluta que, como Hannah Arendt nunca se cansa de argumentar, muda a própria noção de política.

Tal diferença é absoluta porque cada ser humano diverge de todos os que viveram, que vivem e que viverão,[16] não porque ela possa ser *dissolvida* por qualquer outro. Ao contrário, a relação com o outro é necessária à sua nomeação como unicidade. Assim, ocorre a suspeita de que a má fama que acompanha o termo "unicidade", tanto com os modernos quanto com os pós-modernos, depende do deslumbramento pelo qual o termo é confundido com uma ideia de caráter romântico. Ao contrário, na unicidade do *quem* não há nenhuma homenagem ao sujeito autocentrado e titânico do Romantismo. O *quem* não se projeta nem se lamenta, não se recolhe à sua interioridade nem a transforma em imagem mítica. O *quem* simplesmente se expõe, ou melhor, encontra-se desde sempre exposto e consiste nessa exposição recíproca.

Em resumo, o estatuto ontológico do *quem* – exposto, relacional, altruísta – é todo e*xterno*. Assim, torna-se na realidade supérfluo um dos problemas seculares da filosofia, ou seja, aquele da indizibilidade do indivíduo (já decretada por Aristóteles), que na época moderna vê a autobiografia como uma modalidade expressiva "voltada a dar voz sempre que possível a um indivíduo inefável em contraposição com a descoberta de regularidade das

---

16 H. Arendt, *Vita activa*, 1989, p. 8 e 127.

ciências naturais."[17] No horizonte expositivo do *quem*, ao contrário, o indivíduo não é nem um pouco inefável. Caso haja algo inefável nele, é um suposto núcleo *interno*, profundo, escondido: uma internalidade misteriosa que o *quem*, na sua exposição irresidual, não tem. Nas palavras de Hannah Arendt,

> [...]um "eu interno", se é que ele chega a existir, nunca aparece nem para o sentido externo, nem para o interno; pois nenhum dos dados internos dispõe de características estáveis, relativamente permanentes, que, sendo reconhecíveis e identificáveis, particularizam a aparência individual.

Ou então, ainda mais drasticamente: "por dentro todos nos parecemos."[18]

À luz de uma identidade única e irrepetível, irremediavelmente exposta e contingente, o outro, ou a outra, é, portanto, uma presença necessária. Ele, ou ela, é quem consente o próprio evento do aparecer do existente, que – como diria Nancy – é sempre comparecimento. *Com-parecendo*, eles se aparecem reciprocamente como *um* outro e *uma* outra. Contudo, nem mesmo se prestam a substanciar o rosto anônimo de uma alteridade indistinta e universal, isto é, a face do altruísmo abstrato que se torna facilmente objeto de benevolência genérica e boas intenções. O altruísmo da unicidade não é nem sacrifício, nem dedicação, nem mortificação, nem renúncia. Ao contrário, é o estatuto ontológico de um *quem*, sempre relacional e contextual, ao qual é necessário o outro.

O altruísmo da unicidade, assim, tem também o mérito de fugir àquela "retórica da alteridade"[19] que o discurso filosófico

---

17 M. Ferraris, op. cit., p. 9.

18 H. Arendt, *La vita della mente*, 1987, p. 121 e 119.

19 M. Ferraris, op. cit., p. 107.

do século XX parece ter escolhido como mito. O outro, ou Outro, minúsculo ou maiúsculo, muitas vezes é evocado pelos filósofos contemporâneos como uma prova das boas intenções em relação ao espírito individualista da época. Seja na alteridade que invade o si, tornando-o nômade e fragmentado de acordo com os cânones pós-modernos, seja naquela que, com mais delicadeza, puxa-o em um abraço, o outro nunca tem a face distinta e irrepetível de cada ser humano como simplesmente *um* outro. Impaciente, como sempre, com os dados elementares da existência, grande parte da filosofia contemporânea desdenha do estatuto ontológico que vincula a realidade do si à presença material – sim, empírica – de algum outro.

Como nunca nos cansamos de repetir, tal estatuto ontológico de comparecimento pertence às existências – distintas e plurais, cada uma delas *para* e *com* a outra – de um contexto vivo como a vida. Portanto, obstinado a viver como um existente único, *aqui e agora*, em carne e osso, este, e não outro, o *quem* foge tanto da linguagem habitual da ética quanto da linguagem política. Altruístas por constituição mais do que por escolha, a ética e a política da unicidade falam uma língua que não conhece nomes genéricos. Elas tendem a coincidir no caráter relacional do mesmo cenário: onde o outro interage, olha, narra é o inassimilável, o insubstituível e o irrepetível. É um existente único que nenhuma catalogação ou identidade coletiva pode aproveitar. É o *tu* que vem antes do *nós*, antes do *vós* e antes do *eles*.

Sintomaticamente, nas questões modernas e contemporâneas da ética e da política, o *tu* é, ao contrário, um termo desorientador. Ignorado pelas doutrinas individualistas ocupadas demais em exaltar os direitos do *eu*, e disfarçado por uma ética kantiana capaz de encenar um *eu* que se chama solenemente por *tu*, ele não se enquadra nem mesmo nas escolas de pensamento que se opõem ao individualismo. Em sua maioria, elas se mostram afeitas a um vício moralista que, para não cair na indecência do *eu*, evita a contiguidade do *tu* e privilegia os pronomes plurais por serem coletivos. Muitos movimentos "revolucionários" (que variam, por assim dizer, da tradição comunista ao feminismo de irmandade) parecem compartilhar um curioso código linguístico baseado na moralidade intrínseca dos pronomes. O *nós* é sempre positivo, o *vós* é um aliado possível, o *eles* tem a face do antagonista, o *eu* é inconveniente e o *tu*, precisamente, é supérfluo.

Assim, é interessante notar como, deixando que o *nós* do contexto se module sobre a relação do *tu* com o *eu*, a prática narrativa dos grupos de autoconsciência já subverta essa curiosa moral dos pronomes. O passo na direção de uma ética altruísta da relação está na direção certa e facilita o percurso tomado pelo feminismo da diferença sexual nos seus desenvolvimentos mais recentes. Como prova, bastaria o embaraço reservado desde sempre pela esquerda italiana à suposta incompreensibilidade de um léxico feminista *bizarramente* centrado na ligação entre "o partir de si" e "a relação entre mulheres".[20] No horizonte que desenhamos, no entanto, o problema crucial não consiste nessa indisponibilidade congênita à compreensão, mas na armadilha empática que cada cena de reciprocidade narrativa, sobretudo no caso dos grupos de autoconsciência, corre o risco de acionar.

A teoria empática é bastante conhecida pela crítica literária que se ocupa da construção cultural e social do si na narrativa moderna. Ilustra como, a partir do século XVIII, o senso de si se articula sobretudo por meio de uma história de sofrimento e de atribulação contada por outro: em geral, alguém que pertence à classe dos oprimidos.[21] Portanto, trata-se de um tipo de

---

20 Sobre isso, ver a análise de I. Dominijanni, "Politica del simbolico e mutamento", *i. g. Informazioni*, nº 3, 1992, p. 131-157. (N. A.)

21 Carolyn Steedman, "Other People's Stories: Modernity's Suffering Self". Artigo datilografado, apresentado na conferência sobre *Autobiography: Strategy for Survival* (Universidade de Warwick, 1996).

empatia sintomaticamente funcional para o estabelecimento de um si que metaboliza a história do outro. Em termos diferentes, trata-se de um reconhecimento abrangente no qual a unicidade, como tal, desaparece.

Embora não se trate de literatura, a teoria empática também pode ser aplicada à prática feminista da autoconsciência. Na troca da narrativa auto/biográfica, o reconhecimento da unicidade da outra e de seu desejo de narração se mescla, muitas vezes, nessa cena narrativa, com a tendência de reconhecer o próprio senso de si na narrativa da história da outra, sobretudo se tal história fala de sofrimentos e misérias. O conforto da semelhança vence o estatuto relacional da distinção. O efeito, ou mesmo o motivo empático da narração recíproca, corre o risco de frustrar aquele aparecimento da *unicidade* que qualifica como ética a dinâmica do reconhecimento. Na verdade, reconhecer-se *na* outra é muito diferente de reconhecer a unicidade irremediável da outra.

O fenômeno deve ser considerado com cuidado. Em última análise, a generalização dessa empatia nos grupos de autoconsciência pode trazer o risco, já sinalizado, de construir um "ser mulher" comum como uma substância, como a Mulher que responde às experiências em comum das semelhantes. Para usar as palavras de *Non credere di avere dei diritti*, "a prática da autoconsciência pressupunha e favorecia uma identificação recíproca perfeita. Eu sou você, você sou eu, as palavras que uma diz são palavras de mulher, suas e minhas."[22] Assim, quem eu sou e quem você é deixava espaço à pergunta "quem somos", que é simplesmente um erro ontológico da língua.

Aquela que chamamos de ética altruísta da relação não suporta empatias, identificações, confusões. Quer um *tu* que, na verdade, seja outro, outra, em sua unicidade e distinção. Por mais

---

22 Libreria delle donne di Milano, *Non credere di avere dei diritti*, 1987, p. 35.

que você seja parecido e consonante, a sua história nunca será a minha, diz essa ética. Por mais que grandes traços de nossa história de vida sejam semelhantes, não me reconheço *em* você, e muito menos na coletividade do *nós*. Não dissolvo as duas vidas em uma identidade comum nem metabolizo a sua narrativa para construir o sentido da minha. Reconheço, ao contrário, que a sua unicidade se expõe ao meu olhar e consiste em uma história irrepetível cuja narrativa você deseja. Dessa maneira, tal reconhecimento não tem uma forma que possa ser definida como dialética, ou seja, não *supera* e *salva* o finito no movimento circular de uma síntese mais alta. O outro necessário é aqui um finito que permanece irremediavelmente um outro em toda a insubstituibilidade, frágil e indiscutível, da sua existência. Em resumo, o outro necessário corresponde, antes de tudo, ao *tu* cuja língua a cena narrativa compartilhada fala.

No horizonte do si narrável, o pronome da biografia não é *ele*, mas *tu*. Quem *nos* conta a nossa história fala a língua do *tu*. Na cena narrativa compartilhada, o destinatário da história e a sua presença conquistam o papel clássico, no texto, do protagonista ausente.

Orfeu, o poeta

Hic, ne deficeret metuens avidusque videndi
flexit amans oculos, et protinus illa relapsa est.
— OVÍDIO, *Metamorfoses*[1,2]

Após a morte de Eurídice, Orfeu busca consolo em sua arte. "A ti, ó doce esposa, a ti consigo no litoral deserto, a ti com o dia nascente, a ti com o poente cantava",[3] assegura-nos Virgílio. O poeta narra para si mesmo, cantando sobre ela no litoral deserto, mas seu canto é escutado por outros, que, cada vez mais numerosos, se deixam seduzir pelo verso poético: homens

---

1 Ovídio, *Metamorphoses*, vol. II, 9-15, trad. Frank Justus Miller, Cambridge: Harvard University Press, 1916, p. 68.

2 Em português, "Aqui, temendo a amada perder e ansioso por vê-la, volve o amante seus olhos e ela num átimo esvai-se." (N. E.)

3 Virgílio, *Georgiche*, trad. Alessandro Barchiesi, Milão: Mondadori, 1983, 4, v. 465-466. [Ed. bras.: *Geórgicas*, trad. Manuel Odorico Mendes, São Paulo: Ateliê Editorial, 2019.] Os versos aqui referidos constam da tradução de Paulo Eduardo de Barros Veiga. Cf. Paulo Eduardo de Barros Veiga, *Virgílio e Ovídio, poetas de Orfeu: um estudo sobre a Poética da Expressão, seguido de tradução e notas*, dissertação de Mestrado, Faculdade de Ciências e Letras, Araraquara, Unesp, 2011.]

e bestas, divindades do mundo inferior e almas que partiram. Assim, a memória de Eurídice se difunde e o canto poderá ser repetido, de geração em geração, tornando-se imortal para além do tempo de vida concedido a Orfeu.

São essencialmente duas as faces de Orfeu que atravessam a longa tradição literária dedicada ao mito. Por um lado, ele é o próprio símbolo da poesia, da linguagem que encanta o auditório, do verso mágico que tem "a capacidade de derrubar as barreiras entre a vida e a morte."[4] Por outro lado, ele é o amante extremo, que desafia o mundo inferior para reaver a amada e, por excesso de paixão, frustra a sua empreitada. O Orfeu de Virgílio, que canta a amada, tem, portanto, o mérito de sintetizar as duas faces, conectando o verso que narra à relação amorosa. Trata-se, contudo, de uma ligação trágica. Como seu nome diz, Orfeu é órfão: sua poesia vem de uma perda inexorável, da morte da amada. Símbolo da poesia de amor, Orfeu inaugura a obstinada tradição que faz da mulher amada uma mulher morta.

Por ser o poeta por excelência – não apenas o poeta de amor, mas a encarnação simbólica da poesia –, ele também pode personificar o adversário direto do filósofo por excelência, Platão.

Desde que a filosofia decidiu se chamar assim e definir o seu estatuto disciplinar com a obra de Platão, ela declarou guerra à arte poética e se diferenciou dela orgulhosamente. Depois do célebre estudo de Havelock,[5] não há mais dúvidas sobre o que originou toda essa questão. A extraordinária hostilidade que Platão reserva à arte poética – ou seja, aos vários tipos de *narração* (épica, tragédia, poesia) que dominaram a cultura grega do seu tempo – segue o gesto consciente com o qual ele funda a filosofia como um gênero alternativo ao discurso. Em resumo, a passagem

4 Charles Segal, *Orfeo. Il mito del poeta*, Turim: Einaudi, 1995, p. 207.

5 Eric A. Havelock, *Cultura orale e civiltà della scrittura*, Bari: Laterza, 1973.

epocal da oralidade à escrita, de Homero a Platão, é sobretudo uma passagem da narrativa em verso, que encanta o auditório evocando imagens no fluxo sedutor e irrefletido da história, ao discurso filosófico, que, ao contrário, procede com método para definir e fixar os seus termos. "O movimento crucial da filosofia nasce do repúdio à poesia",[6] o trabalho da abstração nasce do repúdio ao prazer da narração. Das *histórias* de Homero se passa à imobilidade sem história das *ideias*. O que Édipo aprendeu às suas próprias custas, assumindo as consequências, para Platão é um princípio: o próprio princípio da filosofia.

Assim, com a seriedade típica de sua ironia, Platão não tem escrúpulos ao fazer piada com Orfeu. No diálogo sobre o amor, o *Banquete*,[7] orgulha-se de interpretar seu mito em uma perspectiva voltada precisamente a desacreditar, em Orfeu, a figura do poeta. Ele faz Fedro contar como os deuses mostraram a Orfeu, no Hades, apenas "a sombra da mulher por quem descera, sem devolvê-la, porque o julgaram fraco como um citarista".[8] Assim, os deuses coerentemente responderam com a ilusão de uma sombra (*phasma*) ao efeito ilusionista que, de acordo com o filósofo, caracteriza a arte poética, ou seja, responderam com o fantasma inconsistente de Eurídice, a sua imagem enganadora, a sua *cópia*. Para Platão, portanto, Orfeu, o citarista, é fraco. É um vendedor de sombras e de engodos, que recebe em troca a trapaça zombeteira de uma sombra. Para o filósofo, nada é mais nocivo, mais antipedagógico, mais platonicamente antipolítico, do que uma arte que explora a fraqueza, não por acaso tão feminina, das paixões. Nada é mais perigoso do que uma história

---

6 Mark Edmundson, *Literature Against Philosophy, Plato to Derrida*, Cambridge: Cambridge University Press, 1995, p. 13.

7 Platão, *O Banquete*, trad. José Cavalcante de Souza, São Paulo: Editora 34, 2016.

8 Platão, *Simposio*, 179e. [Ed. bras.: *O Banquete*, trad. José Cavalcante de Souza, São Paulo: Editora 34, 2016.]

que encena a fragilidade humana, induzindo os espectadores a participar dela e compartilhar suas emoções. Essa arte narra existências singulares, tornando suas fragilidades um bem,[9] e Platão a contrapõe, com o orgulho do fundador, ao exercício disciplinador da filosofia, ou seja, àquele trabalho do pensamento que, com razão, pode ser definido como "racional e relevante, em relação com formas eternas, masculino e maduro, capaz de atrair discípulos, a província de uma elite".[10] Em poucas palavras: uma escola para os melhores homens.

Para Orfeu, poeta e amante, não são poucas as consequências. Do ponto de vista de Platão, a filosofia não é apenas uma disciplina que, como diria Foucault, estiliza o Homem no modelo de sua ordem discursiva abstrata. Nitidamente polêmica no que se refere ao amor "vulgar", que se adere aos corpos e às paixões, ela também faz do amor "celeste", entre duas almas repletas de *logos*, um percurso ascendente que se baseia na verdade das ideias.[11] Desse modo, o amor se desdobra em sua figura vulgar e em sua figura ascética. A primeira é deixada à fraqueza das pessoas mesquinhas, às mulheres e aos citaristas. A segunda, em oposição, conduz o filósofo em um reino de pensamento puro que é muito semelhante ao reino da morte.

"A noção bastante curiosa de uma afinidade entre a filosofia e a morte persistiu ao longo da história da filosofia", escreve Hannah Arendt.[12] Os filósofos, de Platão a Heidegger (e muitos outros), são enfáticos sobre isso. Por sua vez, as pessoas comuns

---

9 Martha Nussbaum, *La fragilità del bene*, Bolonha: il Mulino, 1996. [Ed. bras.: *A fragilidade da bondade: fortuna e ética na tragédia e na filosofia grega*, trad. Ana Aguiar Cotrim, São Paulo: WMF Martins Fontes, 2009.]

10 M. Edmundson, op. cit., p. 7. Ver também o meu *Corpo in figure*, Milão: Feltrinelli, 1995, p. 63ss. (N. A.)

11 Este é, na verdade, o principal argumento do *Banquete* de Platão. Refiro-me, para ser breve, ao meu *Nonostante Platone*, 1990, p. 96ss. (N. A.)

12 H. Arendt, *La vita della mente*, 1987, p. 162.

logo se dão conta, e zombam deles com prazer. O que distingue o filósofo das pessoas comuns é justamente o tom dessa ênfase. A atividade do pensamento consiste, sempre e para qualquer um, em uma experiência solitária que abandona temporariamente o mundo das aparências, isto é, o mundo da vida e da pluralidade que habitamos junto a nossos semelhantes. Como, para os seres humanos, "a mais radical experiência do desaparecer é a morte e [...] se retirar da aparência é morrer",[13] a analogia entre a morte e o pensamento tem fundamentação óbvia. Ao fazer do pensamento a sua atividade predileta e, mais do que isso, a sua profissão, e ao qualificá-la como "um viver para a morte", o filósofo se limita a registrar como as coisas são efetivamente. A sua ingenuidade consiste no tom enfático que usa para anunciar aos profanos essa experiência um pouco comum. Seu desejo é contrabandear como uma descoberta e um privilégio o que, na verdade, é uma obviedade.

Para o filósofo, todavia, tal ênfase carrega culpas bem mais sérias do que o ingênuo pecado da vaidade. Dentre todas, segundo Arendt, a maior é a de ficar à vontade no reino do pensamento puro e julgar irritantemente supérfluo o mundo da pluralidade humana. Assim, o Homem universal acaba por eclipsar a unicidade de cada ser humano. A *teoria* expulsa a política da interação plural e a substitui com o governo de alguns homens sobre muitos outros. Em outros termos, instaura-se nos séculos aquela tradição metafísica, centralizada na categoria da morte, à qual Hannah Arendt contrapõe a sua concepção política da ação e da natalidade.

Dessa forma, é bastante compreensível porque Arendt rejeita a qualificação de filósofa e prefere ser chamada de pensadora política. Por amor à pluralidade humana, ela abraça um horizonte especulativo que, contra o costume filosófico de se

---

13 Ibid., p. 163.

retirar do mundo, abre um cenário mundano, plural e compartilhado onde cada um exibe *quem* é ao deixar para trás uma história. O papel do poeta e do narrador, na anômala teoria arendtiana, enfim recupera uma dignidade negligenciada por milênios. Por isso, seria esperado que Arendt encontrasse ótimos argumentos para *defender* Orfeu da malignidade de Platão. Mas, de forma extraordinária, não é o que acontece.

A breve referência de Hannah Arendt ao mito de Orfeu é feita por ela em uma reflexão ampla dedicada à atividade do pensamento. O argumento se refere, precisamente, ao fenômeno pelo qual o pensar sempre tem por objeto os *invisíveis*, isto é, "objetos sensíveis dessensorializados"[14] em decorrência do trabalho imaginativo da memória. O mito de Orfeu tem o mérito de ilustrar com eficácia "o que acontece no momento em que o processo do pensamento chega ao fim no mundo da vida ordinária", isto é, o que ocorre quando paramos de pensar e voltamos à realidade do mundo: "todos os invisíveis tornam a sumir."[15] Em outras palavras, na sua separação constitutiva do mundo visível das aparências, quem pensa tem, dentro da mente, objetos invisíveis, ou seja, imagens dessensorializadas. Quando, destacando-se da atividade do pensamento, o indivíduo se *vira* outra vez para o mundo, essas imagens desparecem junto com o pensamento.

Assim, o mito do crucial *virar-se* funciona muito bem. No contexto da argumentação arendtiana, Eurídice personifica o papel do *invisível*, enquanto Orfeu – em vestes um tanto incomuns para ele – representa o *pensar*.

---

14 Ibid., p. 169.
15 Ibid., p. 170.

Na ótica dessa leitura surpreendente, até a decisão de Orfeu de virar-se para a luz encontra uma explicação fácil. A visibilidade física dos objetos – tão óbvia no mundo dos vivos, iluminado pelo sol – só é hipoteticamente possível quando, voltando do Mundo Inferior e "já sob a luz", Orfeu se vira para "lançar um olhar à sua Eurídice."[16] No entanto, o gesto é tresloucado, como sabemos, pois, em um instante, a amada se dissolve. Fatalmente, ele desobedeceu à condição, imposta por Proserpina, de nunca se virar. "Algo perdoável, se os manes soubessem perdoar",[17] anota Virgílio com seu lirismo humaníssimo. Mas, como observa Hannah Arendt, a questão é que nem mesmo os manes *podem* perdoar quem viola a lei que separa o pensamento e o mundo do visível. A condição, imposta pelos deuses, é que Orfeu não se vire para olhar a amada que caminha às suas costas. Não se trata, é claro, de uma proibição que negue aos vivos, de forma absoluta, a visão das almas mortas, porque o poeta viu os numerosos espectros dos falecidos que respondem ao seu canto. A proibição só vale para Eurídice, ou seja, para quem, por ser objeto do pensamento, imagem da mente, é necessariamente incompatível com a visibilidade física que concerne ao olhar.

Uma vez que o discurso arendtiano sobre a atividade do pensamento diz respeito ao invisível, a narração também entra, inevitavelmente, em discussão. "Mesmo simplesmente *contar* o que aconteceu é uma operação *precedida* pela dessensorialização",[18] observa Hannah Arendt para corroborar sua tese. Assim como o pensamento, a narração também lida com objetos invisíveis. A imaginação é comum às duas instâncias.

Portanto, a leitura que Arendt faz do mito de Orfeu revela-se de fato surpreendente. Não apenas porque, ao associar o

---

16 Virgílio, *Georgiche*, 4, v. 490-491.

17 Ibid., v. 489.

18 H. Arendt, op. cit., p. 171.

poeta por excelência à atividade do pensamento, ela corrompe a reivindicação platônica de que os dois papéis se opõem, mas sobretudo porque perde a ótima ocasião de reconduzir Orfeu a um modelo de *storyteller* que se adaptaria ainda melhor a ele. Como o narrador, cujo olhar é sempre retrospectivo porque se dirige ao passado, ao que já aconteceu e não existe mais, ele canta a amada porque ela se foi, faleceu. Exercendo o dever do poeta, presenteia com uma narração *post mortem* quem completou sua estadia no mundo das *aparências sensíveis*. O erro de se virar não o torna um filósofo irritado pela irrupção do mundo em seus pensamentos, mas sim um poeta que transgride o estatuto da sua arte por seu enamoramento apaixonado.

Se é verdade que tanto o pensamento quanto a narração compartilham o estatuto que pretende a invisibilidade de seus objetos, também é verdade que tais "objetos" não são os mesmos. A amada Eurídice, a Eurídice da memória poética, é absolutamente diferente das ideias contempladas por Platão. Para usar palavras mais românticas, a lembrança de *quem* se ama nunca remete ao esplendor frio do universal.

De resto, é curioso que, por ter lido o mito de Orfeu como uma referência ao pensamento mais do que à narração, Hannah Arendt termine se descuidando da possibilidade de reinterpretá-lo como versão dramática do poeta cego. De maneira similar a Homero, a Tirésias e ao aedo de Ulisses, Orfeu *não* pode ver aquela sobre quem ele narra. Conforme o imaginário sobre o poeta na Antiguidade, ele – ao menos simbolicamente, e decerto de forma imprevista e inesperada – experimenta a cegueira que é típica dos narradores. Ainda que temporária, essa cegueira torna ainda mais significativo o drama do olhar que Orfeu interpreta com o seu "virar-se". O mito joga com os efeitos de uma sequência inexorável. Dando as costas à luz, Orfeu olha para trás. Eurídice volta à escuridão de onde saíra. Naquele momento, conforme a figura clássica dos aedos e dos adivinhos, o poeta, por antonomásia, torna-se cego.

Não se pode dizer o mesmo da figura clássica do pensador, ou melhor, do filósofo, embora compartilhe com o poeta a invisibilidade do objeto. Como Hannah Arendt já recordou, o filósofo, mais do que cego, está "morto para o mundo" e, além disso, tem prazer nisso. A sua característica profissional consiste em abandonar o mundo para isolar-se no alto esplendor do pensamento puro: região luminosa de onde nunca retorna de boa vontade para estar entre seus semelhantes, na escuridão da caverna.

É exatamente o esplendor dos objetos do pensamento que nutre a conhecida metáfora platônica segundo a qual o que é invisível ao olho físico se torna de todo visível para o olho da mente. Acostumado a uma vida contemplativa que é semelhante à morte, o filósofo nunca é cego; ao contrário, vê mais do que os outros, seu olhar agudo nunca perturbado pelas aparências mundanas vê a luminosidade intrínseca das ideias. Tornam-se bastante semelhantes aos cegos "os que não têm o conhecimento da essência de cada coisa, que não têm na sua alma nenhum modelo luminoso."[19] Portanto, o filósofo subverte a metáfora da cegueira, isto é, reserva-a àqueles que, com os olhos ofuscados pelas *meras* aparências do mundo, não sabem ver as ideias. Dada a sua familiaridade com as aparências, o poeta, obviamente, está entre eles.

Por mais que a invisibilidade física do objeto iguale o pensamento à narração, no imaginário da Antiguidade apenas o narrador tem uma ligação especial com a cegueira. Trata-se de uma ligação clássica que Homero encarna de maneira exemplar. Ao contrário de Hannah Arendt, contudo, começamos a suspeitar de que haja nela algo maior do que a alusão ao olhar póstumo do narrador.

---

19 Platão, *Repubblica*, 484c. [Ed. bras.: *A República*, trad. Carlos Alberto Nunes, Belém: EDUFPA, 2023.]

Se a sua cegueira indica o fato de que ele vê indiretamente as coisas que narra porque já *passaram*, nada impediria ao aedo poder ver fisicamente aquele Ulisses cuja história, sem o saber, narra. É também verdade que, no sentido físico, Orfeu, o poeta, não é literalmente cego. Todavia, a lei da cegueira também é inexorável para ele quando Eurídice se dissolve de repente. A cegueira parece, então, indicar não apenas a invisibilidade física das coisas narradas, mas a exigência segundo a qual o narrador *não veja* aquela ou aquele cuja história ele narra. Em outras palavras, nos exemplos citados, a cegueira do poeta também destaca a necessidade da *irrelação* na cena narrativa. Não surpreende, então, que, como desaparecimento definitivo *da cena* do mundo da pessoa narrada, a morte se torne a imagem perfeita dessa irrelação. Quem narra a história de um morto decerto não a narra para o seu protagonista.

Foi citada algumas vezes a tese arendtiana segundo a qual "a essência de quem alguém é só pode passar a existir depois que a vida se acaba, deixando atrás de si nada além de uma estória."[20] Suspeitamos que nesse papel da morte – no qual Hannah Arendt, a despeito de nós, encontra inspiração – haja algo além da realização da *eudaimonia* como condição duradoura da identidade e não mais sujeita a mudanças. Também há uma alusão crucial à separação que mantém *idealmente* longe quem é narrado por seu narrador. Mesmo a cena dos feácios (que, em teoria, desmentiria o assunto) dá um exemplo significativo disso. Ulisses está vivo e existe, mas o aedo não o conhece e não o vê porque é cego. Entre eles há apenas uma história que é o resultado das ações do herói e que o aedo lhe narra casualmente. Nem o choro de Ulisses pode ser visto pelo narrador. O olhar póstumo do poeta cego simboliza ao mesmo tempo uma lógica de irrelação.

---

20 H. Arendt, *Vita activa*, 1989, p. 141.

A predileção arendtiana pela epopeia heroica e pelo poeta cego corre o risco de validar essa mesma lógica. Engolidas por uma homenagem descuidada ao tema da morte, as possíveis relações contextuais que a cena narrativa contempla desaparecem. Toda a atenção se concentra na figura clássica de uma cena na qual a morte ideal de quem é narrado e a cegueira de quem narra sustentam o caso ao simbolizar a ausência, *entre* os dois, de qualquer relação.

Não tão clássico, mas decerto por demais precioso, de novo o episódio milanês de Emilia e Amalia, no qual a própria relação contextual, entre quem narra e quem é narrado, tira da cena narrativa seja a metáfora da cegueira, seja aquela da morte. Na relação entre as duas amigas, chega em primeiro plano um si narrável que desmente os dois elementos centrais da figura antiga.

Refratário ao heroísmo, o si reencontra o seu sabor familiar na relação em ato com quem concede o seu desejo de ouvir a própria narração. Mais ainda, o si muitas vezes faz dessa relação o seu teatro fundamental de reciprocidade narrativa. O *invisível* da memória, desse modo, encontra uma feliz correspondência na *visibilidade* de quem pede e recebe a narração de sua história. Como a cegueira era uma metáfora para a ausência de relações, a *visão*, aqui, é um símbolo para todos os cinco sentidos. Indica simplesmente que a relação é percebida, empírica, presente. De resto, por isso mesmo o texto, oral ou escrito, é, em última análise, inessencial.

O horizonte em que o si narrável inscreve o seu sentido é um horizonte de desejo que se manifesta e se alimenta na relação de duas unicidades *vivas*. Esse desejo flui na seiva da vida e tem na morte o seu limite físico natural, não o seu objeto *em vista* de uma fama imortal. Emilia decerto não quer uma identidade que, na forma tangível da escrita, possa sobreviver a ela. Emilia quer, em vida, que a amiga lhe conte sua história. Em outras palavras, a narrativa tem a ver com o desejo de narração dos vivos, não com a fama imortal dos mortos.

Os mortos também têm uma história, é claro. Na verdade, os mortos já não são nada além da narrativa dessa história. Mas essa é uma narrativa *para nós*, não para eles. Isso já é verdadeiro quando o pronome "nós" indica um público geral: nós que lemos textos biográficos. Mas é ainda mais verdade quando os mortos são os *nossos* mortos. Quem morre, morre sempre *para* alguém (ou ao menos deveria ser assim). Faz falta. A relação é despedaçada, e na memória de quem vive permanece uma história de vida que o protagonista não pode mais ouvir ser narrada. Assim, a história começa a ser contada para outros. Em especial, para aqueles que já a conhecem. A narrativa, ao contrário de valer pela sua *novidade*, neste caso é uma repetição co-memorativa. A elaboração do luto está no trabalho narrativo de uma memória que depende da cumplicidade de outros na evocação da história de quem não está mais entre nós. Como se a ligação com o ausente consistisse no fio da narrativa, a história é repetida para que o esquecimento não a despedace.

Enquanto, para quem morre, a vida acaba perfeitamente no instante da morte, para quem fica apenas o esquecimento torna aquela morte definitiva. Assim, acontece que o esquecimento, indicado proverbialmente como bênção piedosa do tempo, às vezes é sentido por alguns como a culpa de um assassinato: em especial, por quem se consola ao manter o fio narrativo da relação perdida. Sabemos muito bem como isso ocorre. Mães grisalhas contam a história de um filho morto como se já não tivesse passado meio século. De forma menos dramática, os almoços familiares e os encontros entre velhas amigas estão cheios das histórias dos mortos, que se entrelaçam às dos vivos.

Quanto aos amantes, o fenômeno não é tão claro. Eles correm o risco de permanecer encurralados na ênfase trágica de um imaginário literário que celebra há séculos a *autenticidade* do amor justamente na morte. A morte do outro, como imagem máxima da irrelação, torna-se o horizonte em que o amor se substancia. A cena anterior, aquela da relação amorosa entre duas criaturas que vivem, é preventivamente orientada por seu êxito triste. A história de amor parece não contemplar narrações recíprocas dignas de interesse. Em vez disso, está em um conto *post mortem* que se legitima na perda do outro.

No mito de Orfeu, quando olhamos a história já bimilenar das suas interpretações, um ponto permanece sintomaticamente flagrante. Fundado na tríade amor/poesia/morte, o mito evidencia e embute no imaginário ocidental o grande páthos da irrelação. Em outras palavras, modulado sobre a morte, seu fascínio está sobretudo na encenação da separação entre dois amantes e na absoluta impossibilidade de remediar: seja por meio da subida de Eurídice, interrompida pelo olhar de Orfeu, seja por meio da poesia que a canta e encanta, justamente porque ela está morta, não existe, é inalcançável, está perdida para sempre. Extraindo sua inspiração de uma Eurídice que já morreu, Orfeu canta sobre ela, mas não *para* ela.

Talvez por isso, maliciosamente, ele se vire.

Na verdade, se tivesse se virado *depois* – fora da boca do Inferno, onde ver Eurídice, já salva, seria permitido –, precisaria narrar-lhe também aquela história sobre ela que lhe abrira até as portas do Mundo Inferior. Se tivesse se virado depois, junto com um improvável *happy end*, poderíamos ter aproveitado um amor reconduzido à cena narrativa da relação: um amor banalmente feliz, um amor à mão de todos, um amor dos dias de festa.

Ao contrário, como sabemos, ele se virou *antes*: jogando-a de volta para dentro do mito.

A voz de Eurídice

Por que te virastes,
de forma a repovoar o Inferno
comigo
devolvida ao nada?
— H.D., "Eurydice"[1]

A mais conhecida transposição moderna do mito que dá voz a Eurídice se deve ao poeta Rainer Maria Rilke, que "transfere sua chave interpretativa de Orfeu a Eurídice".[2] Para dizer a verdade, em "Orfeu. Eurídice. Hermes", ela pronuncia uma única palavra, ou melhor, uma pergunta: "quem?" No entanto, essa monossílaba fatal é crucial dentro do contexto.

A composição rilkeana descreve uma cena espectral, suspensa em cores desbotadas entre o mundo dos vivos e o dos mortos, onde apenas Orfeu e Hermes participam, com atenção e intenção, do que está acontecendo. Eurídice nada sabe do empreendimento de Orfeu, que a precede no caminho do seu possível retorno para estar entre os vivos. Nada sabe do seu

1 H.D. [Hilda Doolittle], "Eurydice", in *Collected Poems: 1912-1944*, Nova York: New Directions Publishing Corporation, 1984.

2 C. Segal, *Orfeo. Il mito del poeta*, 1995, p. 165.

desejo e da sua impaciência. Estranha à tensão da narrativa, ela não é mais a mulher loura

> que ecoava nos cantos do poeta
> nem o aroma do leito do casal
> nem ilha e propriedade de um só homem.[3]

Repleta da própria morte e de novo virgem no "seu sexo fechado como flor em botão no entardecer", ela é agora criatura do mundo subterrâneo, perfeita e indiferente. É a imagem sublime da absoluta irrelação. O deus Hermes, que caminha a seu lado ao guiá-la na subida, não pode deixar de manifestar sua desilusão quando Orfeu se vira. "Ele se voltou", exclama dolorosamente, tornando ainda mais aguda a tensão da narrativa. E é em resposta a tal exclamação que Eurídice pergunta: "quem?" O monossílabo, em sua brevidade dramática única, sinaliza assim o total estranhamento de Eurídice em relação ao que acontece à sua volta. Eurídice é a figura central do mito reescrito por Rilke, mas a trama do mito não diz respeito a ela.

Embora traga os três nomes no título, "Orfeu. Eurídice. Hermes", o texto do poema de Rilke os omite, preferindo chamar impessoalmente "o homem", "o deus" e ela, "a mais amada", "*die So-geliebte*". O *quem* da pergunta soa, portanto, duplamente crucial. Em um verso, a resposta só pode consistir em um nome: Orfeu. Em outro verso, Eurídice, "plena em sua grande morte, tão nova que não tinha entendimento", não conserva uma memória de Orfeu, nem mesmo de seu nome. O deus, portanto, em sua divina sabedoria, não responde. O drama, o

---

3 Rainer Maria Rilke, "Orfeo. Euridice. Ermete", in *Nuove poesie*, Turim: Einaudi, 1992. [Ed. bras.: "Orfeu. Eurídice. Hermes", in Rainer Maria Rilke, *Coisas e anjos de Rilke*, org. e trad. Augusto de Campos, São Paulo: Perspectiva, 2013.]

páthos da cena, pertence apenas ao homem e ao deus. Levada inutilmente pela estrada da subida, Eurídice não sabe *quem* caminha à sua frente, ao contrário, "ia dentro de si, como esperança, e não pensava no homem que ia à frente, nem no caminho que subia aos vivos", nem mesmo sabe que seu caminho segue o de outra pessoa. "Tímida, sem pressa", com o andar tolhido pelas longas vestes, igualmente ignorantes são suas passadas no caminho de retorno depois que Orfeu se virou. Ela, a mais amada, agora está em sua absoluta solidão, sem nenhuma relação com o outro, sem memória e sem história. Justamente por isso o deus não respondeu ao "quem?". Para que a resposta tivesse sentido, precisaria narrar, depois de dizer o nome de Orfeu, toda a sua história.

Curiosamente, uma abordagem etimológica aos nomes do mito parece se adaptar à perspectiva rilkeana. O "*orphanos*", que já foi mencionado, ressoa em Orfeu e alude a um abandono, a uma privação da amada. Além disso, de forma significativa, esse nome também está relacionado à peculiar cegueira de Orfeu, que, mais ainda como poeta, na verdade é *caolho*, isto é, sua visão dela, que se distancia e se dissolve na distância, está impedida. A etimologia de "Eurídice",[4] ainda mais incerta, parece indicar, inversamente, no termo "*eurus*", uma vastidão de espaço ou de potência. Se adicionamos isso a "*dike*" (e, por isso, a "*deiknumi*", mostrar), ela é designada como "aquela que julga com amplitude" ou, talvez, como "aquela que (se) mostra com amplitude". Assim, o jogo etimológico também nos permite ligar a figura de Eurídice à vastidão que ressoa em seu nome: seja a dos territórios ilimitados que ela habita, seja algo relacionado ao seu poder de julgar e de mostrar, ou melhor, de julgar *mos-*

4 Cf. o verbete "Euridike", in *Der Kleine Pauly*, Stuttgart: Drukenmoeler, vol. 2, 1967. Embora eu seja a única responsável pelo uso que adotei, devo essa e outras indicações etimológicas à gentileza de Licinia Ricottilli. (N. A.)

trando a si mesma, simplesmente, em vez de recorrer à palavra intencional ou ao gesto.

Na composição de Rilke, como também sugere Blanchot, Orfeu está constitutivamente enraizado na falta daquela "que perdeu duas vezes", porque "apenas com o canto Orfeu tem poder sobre Eurídice, mas também nele Eurídice já está perdida."[5] A Eurídice rilkeana, ao contrário, não tem qualquer raiz *em outro,* apenas na sua íntima plenitude que habita e compartilha a quieta vastidão do Mundo Inferior, "os prados, suaves, em plena calma", mostrando-se sem intenção e sem objetivo. Assim, a Eurídice fechada em sua autônoma e imperturbável plenitude é também a Eurídice da absoluta irrelação, ou seja, uma Eurídice que está no contexto narrativo, mas não pertence a ele: totalmente indiferente a uma história que não é mais a sua história, totalmente morta na morte irreversível do seu si narrável. Portanto, o *quem* da sua pergunta surge como uma palavra que, embora insira sua voz na trama da narrativa rilkeana, denuncia, ao mesmo tempo, a sua crucial estranheza.

Em outras palavras, por mais que o deus a monitore e o homem a carregue nos olhos do seu desejo impaciente, por mais que toda a tensão do mito esteja em uma lógica do olhar – nos olhos que olham à frente, mas se projetam (com o ouvido que, "como um odor, fica para trás") na visão daquilo que acontece às costas, para depois, enfim, virar-se –, o ponto de vista de Eurídice nessa narrativa é um olhar vazio. Imersa serenamente no tempo intencional do puro presente, ela não tem mais um passado nem um futuro e, por isso, não pode ter uma história. Uma vez que no eterno presente da morte o si narrável desaparece, Eurídice não tem mais uma história a contar ou escutar.

---

5 M. Blanchot, *Lo spazio letterario,* Turim: Einaudi, 1967, p. 148-149. [Ed. bras.: *O espaço literário,* trad. Álvaro Cabral, Rio de Janeiro: Rocco, 1987.]

O deus, que não responde ao *quem*, sabe muito bem o quanto a circunstância torna vã a regra clássica de narrar uma história.

Assim, retorna à memória, como um eco inevitável, o poema rilkeano "Canto das mulheres ao poeta". Aqui, o plural do título já exclui a unicidade, e por isso a singularidade, de uma história. De resto, sendo "Como tudo que surge: somos tal/ e qual, de uma alegria que não finda",[6] as mulheres aqui são uma presença, coral e desindividualizada, à qual não pertence uma história pessoal. No entanto, ao contrário de Eurídice, elas pedem ao poeta que diga o infinito que nelas "um fim enseja". "Você, boca, você seja, que ouvimos",[7] pedem com agitação, seja você o-que-nos-diz ("*Uns-Sagender*"). Se Eurídice é a imagem da irrelação, essas mulheres mantêm com o poeta uma relação que as torna, no entanto, a imagem impessoal de um cosmo infinito que as transcende, embora se manifeste por meio delas.

Quem *as* diz não conta a história delas, e elas, de igual modo, não explicitam o desejo de escutar do poeta a narração de uma unicidade que fatalmente não encarnam. Instrumento feminino de inspiração, elas estão em cena apenas *para* o poeta.

Se a Eurídice de Rilke é a imagem perfeita da irrelação, a Eurídice da poeta norte-americana H.D.[8] é, ao contrário, a imagem atormentada de uma relação com Orfeu que, atravessando a rebelião, lhe permite apenas, por fim, tornar-se autônoma em um destacamento orgulhoso.

---

6 R. M. Rilke, "Canto delle donne ao poeta", in *Nuove poesie*, 1992. Todas as citações foram retiradas da tradução de Giacomo Cacciapaglia, na página 43 do volume. (N. A.)

7 Os versos aqui referidos constam da tradução de Mauricio Mendonça Cardozo, cf. Guilherme Gontijo Flores e Mauricio Mendonça Cardozo, "Novos poemas dos *Novos poemas* de Rilke", *Tradução em Revista*, nº 10, 2011, p. 1-24. (N. T.)

8 Sigla para Hilda Doolittle (1886-1961). (N. A.)

No poema que leva seu nome no título, "Eurydice", ela recita um monólogo encenado imediatamente depois do trágico movimento de Orfeu. Os versos iniciais, inaugurados pela exclamação "então você me empurrou de volta",[9] têm o tom de um rancor profundo. Em uma provável citação da versão rilkeana da calma plenitude na morte e dirigindo-se diretamente a Orfeu, Eurídice lhe diz:

se me tivesses deixado à espera
eu teria amadurecido da indolência à paz,
se me tivesses deixado repousar com os mortos
eu teria esquecido a ti e ao passado.

No entanto, Orfeu viera devolvê-la ao mundo dos vivos, e acabara por, ao se virar, empurrá-la de volta ao mundo dos mortos. Nas palavras de Eurídice, que, já perto da luz, agora é obrigada a voltar "onde os líquens mortos pingam brasas mortas em musgos cinéreos", ele não é o amante corajoso que desafiou o Mundo Inferior e, virando-se, errou por excesso de paixão. Ele é arrogante e cruel: em outros termos, é quem tece sobre o seu desejo e sobre o seu erro toda a questão do mito, toda a trama da história. É o Orfeu clássico, reescrito milhares de vezes e capaz de fascinar novas gerações de poetas e de leitores, comovidos sobretudo pelo encantamento da sua poesia e pela tragicidade de sua história. Nos versos de H.D., a Eurídice que ele, inutilmente, leva para cima e para baixo, sem que ela possa intervir, encontra a extraordinária possibilidade de comentar essa história de seu ponto de vista. A história se revela como uma disputa, de crueldade e arrogância, que sempre foi decidida por ele, o qual agiu e errou para possuí-la outra vez, sem nunca se perguntar, nem perguntar a ela, qual era o desejo da outra.

---

9 H.D., op. cit.

Com efeito, se pensarmos bem, esse Orfeu do mito antigo é estranho: mago da palavra e mestre do verso, sabendo que a amada caminha às suas costas, não lhe diz nada, não a chama, não comunica, não pergunta. É estranho que esse poeta encantador de repente esteja mudo, encurralado pela lógica do olhar.

Ovídio já sinaliza que essa é mesmo uma verdadeira armadilha. O canto de Orfeu tem o poder de surpreender: paralisa e petrifica quem o escuta em uma imobilidade estupefata. Quando ele se vira e se espanta diante de uma Eurídice que desaparece, Ovídio pode jogar com ele, comparando-o a quem se transformou em pedra pelo olhar do cão Cérbero. O efeito encantador da poesia órfica, portanto, já se caracteriza por uma ambivalência surpreendente que tem como modelo mítico o olhar petrificante: Cérbero às portas do Inferno e, obviamente, Medusa. Na versão ovidiana, ao contrário, é a própria Eurídice que figura "como uma habitante do Mundo Inferior, a qual transforma em pedra quem a olha e deve voltar (como Cérbero) à sua morada infernal."[10] Fundamentado em uma lógica do olhar, o canto de Orfeu é verso que, mais do que a *palavra*, imobiliza o auditório. Silencioso durante sua subida, sem nunca falar com ela, que muda o segue, ele paga o preço em uma paralisia estupefata, sem palavras.

Assim, torna-se muito significativa a forma como, parodiando a mesma lógica, H.D. permite que Eurídice revisite o mito, centrando-o na arrogância do olhar de Orfeu.

Ela lhe pergunta o que ele viu em seu rosto ao se virar. Toda a cena joga com o efeito da luminosidade terrestre que ele filtra às margens da saída e que se reflete no rosto dela, tornando-o "cor de jacinto, solidificado na fissura crua da rocha". Ele, que, diferentemente de Eurídice, tem luz própria; ele, que, voltando

---

10 John Heath, "The Stupor of Orpheus", *The Classical Journal*, vol. 91, nº 4, 1996, p. 363-364.

as costas à saída ao virar-se, é uma figura contra a luz com a cabeça "ainda aprisionada por chamas terrestres", vê no rosto de Eurídice justamente o reflexo daquela luz terrestre que o seu movimento torna inalcançável para ela.

A direção cenográfica é muito sutil porque, invertendo o foco da perspectiva tradicionalmente centrada no olhar de Orfeu (ele, ao se virar, olha a amada, e nós o vemos olhar), transfere a atenção para ela. Agora, de forma inversa ao poema de Rilke, ela passa a ser um centro ativo e ao mesmo tempo passivo de visão. Ou seja, é ela que vê a cena e a descreve do seu ponto de vista, vislumbrando diante de si a luz = filtrada por ele e as chamas ao redor da cabeça de Orfeu por causa do efeito da contraluz. Mas é ela, também, que, vendo-se sob o olhar de Orfeu, pergunta o que ele está vendo e sugere uma resposta, isto é, usurpa idealmente o privilégio habitual da perspectiva do outro.

Brincando com esse gesto, a poesia de H.D. logo se torna, assim, legível segundo os termos daquela "centralidade do sistema do olhar na representação cinematográfica"[11] que Teresa de Lauretis repensa com precisão no âmbito da teoria feminista. Com efeito, o texto de H.D., parecendo seguir os conselhos de De Lauretis, leva em conta e ao mesmo tempo derruba a modalidade clássica de identificação que implica para a espectadora "ambos os posicionamentos do desejo, os objetivos ativos e também os passivos: o desejo do outro e o desejo de ser desejada pelo outro".[12] O resultado é uma inversão do significado da história. Nesse poema, como em Platão e talvez também em Ovídio, não há qualquer piedade nem comoção pelo empreendimento infeliz de Orfeu. Aqui, ele não é nem mesmo o poeta; em vez disso, é o antigo protagonista da história que é destronado de sua função mística e, em consequência, do seu papel de

11 T. de Lauretis, *Sui generis*, 1996, p. 77.
12 Ibid., p. 83.

poeta e narrador. Agora é Eurídice a protagonista e a narradora, a heroína e a voz poética.

Depois de ter sido iluminada pela luz que vem refletida dele e da terra, depois de ter entrevisto os açafrões azuis e dourados "na borda cortante da terra", todas as flores já perdidas, ela, por fim, apazigua-se em perfeita autonomia na escuridão incolor de sua morada. "Ao menos tenho as flores de mim mesma", diz, "tenho o ardor por mim mesma como presença e o meu próprio espírito como luz."

Diferentemente da Eurídice de Rilke, cuja plenitude jorra da morte da consciência e da intenção, a Eurídice de H.D. conquista a sua plena autonomia por meio do percurso consciente e intencional com o qual, embora sem poder mudá-la, reescreve a trama da sua história. Trata-se, é claro, de um percurso, denso de rancor e de orgulho, que passa do amor do outro ao amor por si: este último, simbolizado pelo Mundo Inferior que se desdobra "como uma rosa vermelha", de acordo com uma das metáforas mais conhecidas do sexo feminino. Para Rilke um sexo fechado em uma nova virgindade de plenitude impenetrável, para H.D. um sexo desdobrado, mas na voluptuosidade de um amor por si que rejeita o outro, Eurídice encarna em ambos os casos uma imagem de irrelação.

Embora consciente e combativa, na versão de H.D. Eurídice canta para si mesma a sua história, em forma de monólogo. Corajosamente reconduzida ao tom autobiográfico, mas repetindo o páthos do jogo próprio da Antiguidade, a narração renuncia à cena amorosa e mantém separados os amantes.

Eros e narração

Lentamente me curvo sobre você, lentamente sua respiração
faz os ritmos escorrerem em meu sangue
como se eu dissesse
eu te amo
e você levantaria a cabeça
escutando e falando na noite velada:
alguém disse algo?
Amor, estou na sua luz?
Existo?

— MURIEL RUKEYSER, "Three Sides of a Coin"[1]

Gostaríamos, ao contrário, de arrancar Eurídice e Orfeu do páthos funéreo do mito antigo. Desejamos cogitar um êxito diferente para a história e imaginar os amantes, outra vez juntos, extasiados no prazer da narração recíproca. De forma similar às amizades femininas, o amor é muitas vezes caracterizado por uma reciprocidade narrativa espontânea. Em outras palavras, é notório que faz parte da cena amorosa o desejo recíproco de um si narrável que se esforça em exercícios autobiográficos para fa-

1 M. Rukeyser, "Three Sides of a Coin", in *The Collected Poems of Muriel Rukeyser*, Pittsburgh: University of Pittsburgh Press, 2006.

zer do outro um narrador adequado seu. No amor, o caráter expositivo e relacional da unicidade tem, afinal, um dos seus cenários mais evidentes. Nele, as perguntas "quem sou?" e "quem é você?" desenvolvem a linguagem do corpo e a da narrativa em um ritmo secreto.

Cada um/a de nós, ainda que não viva na desventura, conhece perfeitamente esse ritmo secreto que, na alternância entre carícias e narração, deixa que o/a amado/a jogue à vontade com o seu desejo. O problema é que, ao falar de amor, seria preciso continuar por uma página inteira com essa construção que sexualiza a língua. Porque o amor é a prova mais forte de que a unicidade do *quem* sempre tem um rosto, uma voz, um olhar, um corpo, um sexo (uma alma, poderíamos dizer, se não temêssemos o seu significado tradicional de invisibilidade e de substancialidade). O *quem*, no amor, é nitidamente uma unicidade irrepetível em toda a evidência de sua encarnação: este, e não outro, na indizibilidade da carne e do espírito. O *quem* não é uma *pessoa*, é sempre um *tu*. Ao escolher simplificar todo o discurso na tradicional gramática do amor heterossexual, pretendemos aqui não só fazer uma homenagem merecida a Orfeu e Eurídice, mas, em vez disso, emancipar a escrita daquele efeito "alienante" do gênero duplo barrado[2] que deveria nos alertar sobre a sua unilateralidade indevida.[3]

---

2 Aqui, a autora se refere à construção o/a em amado/a, por exemplo. (N. E.)

3 Tenho em mente a crítica ao predomínio do paradigma heterossexual desenvolvida por Judith Butler, *Corpi che contano*, Milão: Feltrinelli, 1996. [Ed. bras.: *Corpos que importam: os limites discursivos do "sexo"*, trad. Veronica Daminelli e Daniel Yago Françoli, São Paulo: n-1; crocodilo, 2020.] Por outro lado, gostaria de sinalizar como, ao se colocar o problema de "*quem* vem depois do Sujeito", Jean-Luc Nancy reconhece justamente que a língua do *quem* não pode prescindir do gênero duplo barrado. Por se tratar de uma publicação destinada ao público anglo-americano, seria possível desconfiar que o autor faz uma devida homenagem ao costume do politicamente correto.

De fato, nunca se ama o *o que* do amado, o que se ama é *quem* ele é. Na verdade, muitas vezes ele é amado apesar daquilo que é. "Você é única", "você é único", dizem os amantes uns aos outros. E, assim, nada fazem além de nomear o óbvio do existente. A relação dos amantes é privilegiada, pois nela duas unicidades *se* mostram juntas, desenhando uma língua corpórea e verbal de transparência significativa. Muitas vezes ocorre dizer "amo os seus defeitos", e isso apenas faz parte do jogo amoroso. Porque, nesse jogo, o que se subentende é "amo você, apesar dos seus defeitos", ou melhor, "amo os seus defeitos porque são seus", isto é, "amo *quem* você é, embora desaprove *o que* você é". O amor materno também fala essa mesma língua. É a língua do "apesar", a língua – até certo ponto, imoral – do "além do bem e do mal". Nela, o julgamento em relação ao *o que* do amado mede a sua impotência diante do aparecer do seu *quem*: e essa aparição figura-se para nós como o inesperado que desde sempre aguardamos. Tanto que o paradoxo logo vem à palavra: "você nasceu para mim." No entanto, não é isso exatamente o que queríamos dizer, mas sim que "tão único quanto você nasceu, de novo aparece para mim".

Como muitos puderam perceber, trata-se de uma língua antissocial. E é óbvio que deve ser assim. Porque a *sociedade* – sobretudo na acepção moderna do termo – talvez seja o maior impedimento ao i-nato revelar-se da unicidade. Na cena social só aparece o *o que* dos seus protagonistas, nunca o *quem*. Na sociedade, são as necessidades e as forças que se expõem, relacionando-se nessa troca como *coisas* infinitamente contratáveis, replicáveis, substituíveis. Mas o único, em sua absoluta diferença, é, em vez disso, constitutivamente insubstituível. Todos

---

A intensidade do texto a e honestidade teórica que reconheço em Nancy me impedem, no entanto, de minimizar essa malícia. Cf. J.-L. Nancy, "Introduction", in *Who Comes After the Subject?*, 1991, p. 5. (N. A.)

os amados são únicos para o amante, assim como todos os filhos são únicos para a mãe. Assim, não é difícil entender por que, há milênios, os amantes desafiam regras sociais e convenções, transgridem divisões de casta e subvertem hierarquias. Tais estruturas se limitam a definir o que cada um é, ou, cada vez mais, o que cada um tem. As qualificações sociais, ainda mais do que as qualidades do amado, tornam-se, assim, a superfície autêntica do *quem*, que precisa ser desmantelada pelos amantes.

O prazer do amor está, portanto, na nudez de um aparecer compartilhado e, por isso, de um comparecimento que não suporta qualificações, mas expõe, simplesmente, duas unicidades uma à outra. Assim, da relação com a mãe, é possível que os amantes *recordem* o movimento a dois, ao mesmo tempo passivo e ativo, da pulsão originária a expor-se. Toda a fragilidade do finito está de novo aqui, na inteireza do existente humano que rejeita, ou melhor, ri de qualquer distinção interna entre sua carne e seu espírito. Porque a única distinção em ato agora é aquela de duas unicidades irrepetíveis, as quais, aparecendo juntas, distinguem-se. Não há, portanto, uma fusão na unidade, apesar da *fábula* que há milênios ouvimos ser contada. Ela é falsa. Pois é falso celebrar a existência em ritos dissolutivos, fazendo da pulsão amorosa um desejo de morte.

A *fábula* nos conta como amor e morte, *eros* e *thanatos*, convergem voluntariamente – embora com algum arrepio de circunstância – no sedutor mito da dissolução. As duas unicidades, ao se fundirem no um-todo, desapareceriam assim no redemoinho do lugar nenhum: conforme uma conhecida variante da *fábula*, justamente o lugar de onde teriam vindo, isto é, a mãe. Nascimento e morte, na eterna sedução do inorgânico, seriam, portanto, a mesma coisa. Contanto que o infinito, se lhe for permitido algum rápido esplendor, queime no ato da sua aniquilação. Contanto que o infinito conserve o seu primado, e a morte, a sua voracidade.

Mas, a despeito da *fábula* antiga, os amantes não desejam de fato morrer um *no* outro. Ao contrário, querem o pleno esplendor do finito conforme a unicidade recíproca que os expõe e os distingue. Amando-se, simplesmente re-nascem à fragilidade inaugural de sua existência. O amor não oferece nenhuma proteção à fragilidade do *quem*. A sua exposição é total e irremediável: pede que seja acolhida, não nadificada. O rito sexual, portanto, não é o da fusão que aniquilaria a unicidade, anulando o próprio ato. É, talvez, o rito de repetir o início: ainda experimentando a exposição nua, não coberta por algo, que inaugura o aparecer de todo ser humano como único. Porque apenas no momento de seu nascimento cada ser humano é um puro *quem*, ao qual de forma alguma se acrescenta um *o que*. Em outras palavras, quem acaba de nascer é *exemplarmente* sem qualidades, embora já seja, como Édipo compreendeu bem, este existente, e não um outro. O seu corpo, o seu rosto, o seu sexo não são *qualidades* do existente, e sim a matéria espiritual da sua unicidade. Aparecendo-se um para a outra[4] na indiferença em relação às suas qualidades – indiferença que se torna máxima no orgasmo –, os amantes, portanto, acabam por repetir o início de suas existências. Eles não retornam ao ventre da mãe, mas saem de novo para a nudez inaugural de uma aparência que agora tem o perfeito caráter relacional de um comparecimento.

Mesmo sem perdoar sua falsidade, pode-se entender com qual erro a credibilidade da *fábula* pôde contar. A experiência do orgasmo, justamente, é muitas vezes identificada com a morte: onde o prazer coincidiria com o aniquilar-se do indivíduo na lógica autônoma e impessoal da carne. No entanto, o que morre aqui, ou melhor, o que já está morto, não é nada além do *sujeito* afogado em suas qualidades. A perda do sen-

---

4 No original, a autora utiliza os gêneros masculino e feminino em algumas expressões que se referem aos amantes. (N. T.)

tido do *que* alguém é e sabe ser, ou seja, o total *esquecimento* das qualidades pessoais próprias e das qualificações sociais, assim, é confundida com a morte do si. Contudo, trata-se de uma repetição do nascimento, experimentada por um si sem qualidades que, por causa dessa magnífica espoliação, pode de repente *recordar* a coincidência original entre vida e existência. O prevalecimento do corpo, aqui, é apenas inerente à sua unicidade, ou seja, espiritualidade da carne e carnalidade do espírito, que fazem da distinção entre eles o milagre da unicidade. Os amantes se despem para acariciar seus corpos nus, e, todavia, apenas no orgasmo a nudez do existente é de fato tal que não está mais vestida de alguma qualidade.

Assim, há uma notável sensatez na proverbial "paixão fulminante". A expressão significa que é possível se apaixonar por alguém de repente e à primeira vista. Mas, à primeira vista, tudo o que se pode ver é uma aparência física, e, portanto, só é possível enamorar-se da beleza encarnada nela, como diria Platão. Mas sabemos muito bem que não é assim. Nós nos enamoramos, em vez disso, de *quem* transparece daquele corpo e daquele rosto, que se tornam belos porque são o seu corpo e o seu rosto. Belos porque únicos e sentidos como tal com uma intensidade indiscutível. Porque o critério desse belo não pertence *mais* ao âmbito do julgamento e, talvez, nem mesmo àquele do gosto. Pertence, ao contrário, ao âmbito inquestionável da aparência repentina de uma unicidade. Aqui também, portanto, nesse imediatismo que *fulmina* o olhar, carne e espírito do amado são um conjunto e revelam uma unicidade irrepetível, enquanto as suas qualidades começam a desaparecer com a mesma rapidez.

Desde sempre um fenômeno do inesperado mas esperado por anos, o amor, sabe-se, tem tempos bizarros e incontroláveis tanto em seu surgimento quanto em seu fim. O amor, como muitas vezes lamenta-se, é breve. Ele sucumbe facilmente à infausta prevalência das qualidades sobre a unicidade irremediável de *quem* amávamos. Então, surpreendemo-nos por não termos visto antes *o que* ele era e é. Mas é precisamente isto, na luminosa revelação do existente que ocupa toda a cena do comparecimento, que não podemos ver: as qualidades que o tornam semelhante a muitos outros, as qualidades *julgáveis*. Como diz o provérbio, o amor é cego: não porque ele se dirige ao *invisível*, mas porque não tem julgamento próprio em relação àquilo que todos os outros veem. Ele experimenta outro tipo de olhar: o olhar que vem da experiência pungente de uma aparição do finito em sua fragilidade constitutiva.

Na verdade, os amantes percebem plenamente a fragilidade de seu aparecimento recíproco. Confiando um no *toque* da outra, de novo nus como no dia de seus nascimentos, eles então confiam na linguagem do corpo. Diz-se, a esse propósito, que as mulheres sabem *tocar* o amado com delicadeza por causa do hábito de "manejar" os recém-nascidos. A verdade é que o ser humano, quando se expõe totalmente, é completamente frágil: também, e ainda mais, em sua carne adulta. Os mapas das zonas erógenas são, assim, um suporte técnico ridículo para quem ignora que está tocando um existente único na inteireza do seu expor-se, ou seja, está tocando um *quem* em toda a profunda superfície do seu aparecer irresidual. Porque isto é o amor: uma relação que constitui o existente como íntima exterioridade, como unidade singular desde sempre exposta ao outro.

A infelicidade do amor está em amar sem ser amado. Exatamente porque a exposição da unicidade deseja a relação, ou seja, deseja comparecimento, o amado que não devolve o amor é, na verdade, o único *aparente*. A outra criatura, o amante, permanece em uma existência inaparente pela falta de relação: porque, por mais que se exponha, a sua unicidade não aparece para ninguém. O estatuto da existência como comparecimento tem regras precisas e, no amor, muito cruéis: quem se exibe sem aparecer ao outro permanece, paradoxalmente, uma unicidade inexpressa. Permanece um *o que* – muitas vezes, uma coisa – diante de um *quem*. Trata-se de uma infelicidade conhecida que, às vezes, chega a induzir ao suicídio, de maneira que, nesse caso, amor e morte andam de fato juntos, o que é, talvez, uma homenagem incauta à tradição literária. O suicídio do amante infeliz é, contudo, a imagem de um paradoxo, ou seja, a imagem de sua paradoxal unicidade inexpressa. Eu me mato porque você não me ama e porque não existo para você – pensa o infeliz –, depois da minha morte, você entenderá *quem* o amava e, por isso, me amará. O suicida, assim, segue a lógica de uma contradição desesperada: por um lado, confirma a morte de um *quem*, que na verdade já estava morto por causa da inaparência da sua exibição; por outro lado, tende a narrar a presença póstuma de um *quem* que ganharia, graças ao seu desaparecimento, o seu direito de comparecer.

Eu me mato porque você não me ama e porque não existo para você; depois da minha morte, você entenderá *quem* o amava e, por isso, me amará. No paradoxo do suicida, existe, portanto, o desejo de um si narrável que se desloca tragicamente para sua narração póstuma.

Esse lado trágico do amor depende, em grande medida, do seu caráter exclusivo. O amor "captura" os amantes na cena dual de sua relação e os mantém *fora* do mundo. O mundo e os outros nada são além do pano de fundo desse cenário: um território nos bastidores, no qual se pode fazer uma excursão, um ambiente aprazível do turismo amoroso e, às vezes, um público para surpreender. É justamente o caráter exclusivo que distingue bruscamente o amor da amizade. Porque a amizade é uma espécie de amor em que o outro é único, mas não comparece de forma a excluir os outros. A amizade não deixa o mundo de fora, habita-o no cotidiano. A amizade sabe, além disso, que no ser humano a carne é espiritualizada mesmo sem tocá-la. A amizade é o comparecimento do *quem* sem a confirmação emocionante do *eros*. É um comparecimento a dois que se multiplica, formando uma rede.

Dada a sua afinidade com a amizade, não é por acaso que o amor compartilhe sua pulsão narrativa. Ao contar uma para o outro a própria história – e, como muitas vezes ocorre, fazendo preceder a narrativa autobiográfica à linguagem do corpo –, os amantes testemunham a coincidência entre o si narrável e o *quem* expositivo que enfim chega, no amor, ao seu comparecimento nu. Em outros termos, *quem* comparece à outra tem sempre a sua unicidade em uma história que, como a sua identidade física insubstituível, torna o amado, este e não outros. Ao amar *quem* o outro é, todo amante sabe que ama um si narrável cuja história ele deseja saber. Ao expor *quem* é ao olhar amoroso do outro, toda amada sabe que o próprio si narrável faz parte desse comparecimento. "Parece que eu conheço você desde sempre", por vezes diz o amante; mas, na verdade, queria dizer: "é como se, desde o início, eu conhecesse toda a sua história."

Na relação amorosa, a frequente reciprocidade do exercício autobiográfico é, portanto, sobretudo uma troca finalizada que constitui o outro como o próprio biógrafo. A dinâmica é sempre a mesma que já identificamos nas amizades femininas: eu conto a você a minha história para que você a narre para mim. O desejo de narração do si narrável se manifesta em exercícios autobiográficos para confiar à narrativa do outro a própria história. É útil destacar que, de novo, não se trata de medir a qualidade ou a frequência da resposta biográfica. Trata-se muito mais de notar como, para você, eu sou uma identidade narrável cuja história você pode contar, porque a minha identidade agora está guardada por essa história que a sua memória conta, em primeiro lugar, a si mesma.

Como bem sabemos, pensar no amado é, na verdade, sempre um narrá-lo a si mesmo. Ao presenteá-lo com essa narrativa, o que o amante faz é tornar o jogo amoroso uma cena na qual dois si narráveis completam, em turnos, a cumplicidade de seu desejo.

Os *textos* dessa narrativa são tão inessenciais que os amantes podem esquecê-los depressa, reiterando ao infinito, e sem nenhum tédio, a narração. Talvez para em seguida reconstituí-los na infidelidade da memória voluntária e muitas vezes com rancor, quando não há mais amor. De fato, os exercícios biográficos do amor valem apenas contextualmente: no ritmo secreto que alterna a linguagem do corpo à linguagem da narrativa.

Assim, podemos denunciar como falsa outra célebre *fábula* que a tradição, há algum tempo, obstina-se a narrar sobre o amor. Tal *fábula* quer nos fazer acreditar não apenas que a linguagem do corpo não precisa intercalar-se à da narrativa, mas que a primeira só alcança a perfeição quando a segunda está totalmente ausente. "Amar carnalmente um desconhecido": diz, em síntese, sua mensagem, apontando modernamente para a autarquia do *eros* com uma espécie de reescritura positiva do amor "vulgar" desprezado por Platão. Vale como exemplo, tirado da cinematografia contemporânea, *O último tango em Paris*, de Bertolucci: nele, saber a história da outra sinaliza tragicamente o fim de um amor que está inteiramente relacionado à linguagem do corpo. Como no caso da *fábula* sobre amor e morte, também nesta *fábula* sobre o esplêndido isolamento do eros há, no entanto, uma verdade involuntária. Em sua acepção moderna, a autarquia do eros é tradicionalmente atribuída apenas ao sexo masculino, enquanto as mulheres seriam – por meio de uma estranha tenacidade do estereótipo romântico – "sentimentais" e tendenciosas à linguagem da narrativa, se não àquela da fabulação. A verdade involuntária da *fábula* é, portanto, fácil de revelar: alude ao fato de que o caráter narrativo das amizades femininas demarca uma peculiaridade das mulheres, uma concepção do amor que, obviamente, acaba por ser demasiado maçante para as amostras da autarquia erótica.

Como já foi lembrado, por causa da ausência forçada pelas glórias do sujeito – e, por isso, pela cisão em "corpo" e "alma" que o caracteriza –, as mulheres acabam sendo capazes de uma abordagem mais fácil à experiência do si narrável. Em outras palavras, seu alegado sentimentalismo nada mais é que o aspecto coerente de um acolhimento da unicidade que, mesmo na cena amorosa, se confirma na inseparabilidade familiar entre existência encarnada e história de vida. Como bem sabem os poetas de ambos os sexos, o amor é uma questão complexa demais para ser deixada aos defensores do eros autárquico.

Tal sonho de autarquia, por outro lado, logo pode ser diagnosticado como uma das mais evidentes patologias do sujeito. Não deve nos surpreender que, fundado na dicotomia basilar de corpo e alma, o sujeito sucumbe com extrema facilidade à progressão imparável de suas cisões internas. O quadro clínico dessa patologia, para cisões irreversíveis, é na verdade bem conhecido. Para resumir, a razão, as paixões, as emoções, os sentimentos, as pulsões etc. se tornam *partes* do sujeito que devem ser colocadas em um lugar apropriado, de acordo com mapas variáveis, mas que sempre tendem a uma regionalização precisa. A região do eros "vulgar", que Platão obviamente colocava no ventre, configura-se, de qualquer maneira, como uma das mais estáveis. Também firme em requisitar insistentemente uma autonomia da razão ou dos sentimentos, o território tradicional do *eros* é o corpo profundo.

No entanto, apenas a época moderna faz desse território o lugar de um paradoxo. Para os modernos, ele se abre ao mesmo tempo ao "vício" individual e à emoção da desindividualização, à *libido* subjetiva e à lei impessoal da carne. Ou seja, ao amor por um desconhecido para se tornar desconhecido a si mesmo. Seduzida pela autarquia do eros, a modernidade perde, assim, infelizmente, aquele ritmo secreto que, intercalando a linguagem do corpo àquela da narrativa, faz do amor uma festa da unicidade. Perde no amado um insubstituível que é tal porque nasceu este, e não outro, materializando uma história de vida que é esta, e não outra. Em outros termos, perde a identidade de *quem* nos ocorre amar e as razões injustificáveis pelas quais amamos este, e não outro.

Pelo inconsolável Orfeu, que a nossa fantasia desejou arrancar do mito, gostaríamos de que eros e narração fossem, ao contrário, inseparáveis. No fundo, basta uma leve mudança de perspectiva, e o mito muda de sentido. Ao dizer que o poeta canta Eurídice, a amada, e sua história, o próprio Virgílio é cúmplice do jogo: o "virar-se" fatal pode sutilmente assumir um sentido diferente.

Na verdade, ele se virou não apenas para vê-la e tocá-la, mas também para cantar essa história para *ela*. Embora o mito tenha feito dele o poeta do Mundo Inferior e da morte, a sua não resistência ao desejo de virar-se é o gesto de um amante que não pode renunciar ao amor como cena de narração recíproca e comparecimento. A experiência amorosa *viva* orientou desde o princípio a cotidianidade de um gesto que até os manes teriam podido perdoar. Os amantes se olham, se tocam e narram uma para o outro suas histórias. Não há deus que possa ignorá-lo, nem mesmo os que prometem o impossível.

Portanto, Orfeu se virou não por fraqueza ou malícia. Mas porque era cruelmente previsto que cedesse ao chamado de um ritmo secreto mais irresistível que o seu canto.

Quarta parte

Narradoras

Sherazade encurralada no texto

> *Ela* [a rememoração] *corresponde à musa épica no sentido mais amplo. Ela inclui todas as variedades específicas da forma épica.* [...] *Ela tece a rede que em última instância todas as histórias constituem entre si. Uma se liga à outra, como demonstraram todos os grandes narradores, principalmente os orientais. Em cada um deles vive uma Scherazade, à qual ocorre uma nova história em cada passagem da história que está contando.*
> — WALTER BENJAMIN, "O narrador: considerações sobre a obra de Nikolai Leskov"[1]

Encantado por um problema que não teria incomodado Hannah Arendt, Roland Barthes proclama que "como instituição, o autor está morto": a sua "pessoa civil, passional, biográfica, desapareceu."[2] Em seguida, por decreto de outros filósofos, com as possíveis exéquias do leitor, na época contemporânea o autor morreu em favor da centralidade indiscutível do *texto*. Mas isso não significa que a morte do empirismo literário se declarou

1 W. Benjamin, "Il narratore. Considerazioni sull'opera di Nicola Leskov", 1981.

2 R. Barthes, *Il piacere del testo*, 1975, p. 26.

satisfeita. Ao contrário, o tema *conhecido* "da proximidade entre a escritura e a morte", isto é, da "relação que a linguagem estabelece com a morte",[3] emergiu como um dos pontos fortes do pensamento contemporâneo.

Trata-se, segundo Foucault, de uma relação produtiva que expande o trabalho do texto. Na perspectiva da morte, a fim de parar aquilo que vai pará-la, a linguagem reflete a si mesma como um espelho e reage ao decreto da sua extinção multiplicando-se até o infinito, mediante esse jogo especular. A cena dos feácios testemunha isto: em primeiro plano, vem

> [...] o canto do aedo que já cantava Ulisses antes da *Odisseia* e antes do próprio Ulisses (visto que Ulisses o ouve), mas que o cantará indefinidamente depois de sua morte (porque, para ele, é como se Ulisses já tivesse morrido); e Ulisses, que está vivo, recebe esse canto como a mulher recebe o marido ferido de morte.[4]

Em resumo, em uma dança entretida com a morte, a narrativa torna a se contar circularmente, se autoproduz, potencialmente infinita no limiar daquele *fim* que atrai e gera a própria narração.

Ainda de acordo com Foucault, o exemplo extraído da *Odisseia*, contudo, corre o risco de obscurecer uma diferença crucial entre os modernos e os antigos, substancialmente reduzível à diferença entre a centralização da escrita e a forma da narração oral. A filosofia contemporânea, admitindo a morte do autor, acabou por mergulhar conscientemente no signo mortal da escrita – verdadeiro paradigma do *texto* –, reconhecendo como esta se liga "ao próprio sacrifício da vida".[5] A epopeia homérica, ao contrário, colocava no centro o herói, fazendo da sua morte

---

3 Michel Foucault, *Scritti letterari*, Milão: Feltrinelli, 1984, p. 3 e 76.

4 Ibid., p. 74.

5 Ibid., p. 4.

uma ocasião de imortalidade na narrativa: "o conto resgatava essa morte aceita", ou seja, a previa e imortalizava o protagonista. Ao compartilhar, inesperadamente, a leitura arendtiana do herói, Foucault acaba demonstrando uma relação de útil colaboração entre a narrativa antiga e a morte. Na epopeia homérica, a narração extrai da morte alimento. Mais do que pedir o próprio sacrifício da vida, como ocorre aos modernos, a narração resgata o herói do seu destino de mortalidade. O conto deve a essa morte a sua função de imortalizar.

Assim, para Foucault, em oposição direta à épica grega está a narrativa árabe das *Mil e uma noites*, que tem como motivação o não morrer: "falava-se, narrava-se até o amanhecer para evitar a morte, para adiar aquele prazo que silenciaria o narrador." "A história de Sherazade", ele prossegue, "é o completo oposto do assassinato, é o esforço repetido todas as noites para manter a morte fora do círculo da existência."[6] Em oposição à narração homérica, portanto, Sherazade nega à morte a função de alimentar o poder imortalizador da história. Em oposição aos filósofos contemporâneos, ela faz da história em si um meio ainda potente para evitar a morte. No entanto, há uma curiosa afinidade entre a cena de Sherazade e aquela que Foucault vê se desenvolver na corte dos feácios. Em ambos, a narrativa, como em um jogo especular, prolifera e se multiplica. (Exceto que, é preciso acrescentar, a moça árabe não canta um morto, e seu ouvinte não recebe esse canto "como a mulher recebe o marido ferido de morte.")

Se aproximamos a leitura foucaultiana do episódio homérico àquela que Borges reserva às *Mil e uma noites*, essa curiosa afinidade acaba sendo reforçada. Borges não se contenta em

6 Idem.

registrar a persistência com que Sherazade, todas as noites, narra uma nova história para adiar até o dia seguinte a própria morte. O que ele faz é interromper a simplicidade dessa sucessão linear com uma de suas típicas *ficções* literárias. Isso ocorre, por exemplo, quando o protagonista de "O jardim dos caminhos que se bifurcam" recorda

> [...] a noite central das *Mil e uma noites,* quando a rainha Sherazade (por uma mágica distração do copista) inicia a contar textualmente a história das *Mil e uma noites,* correndo o risco de retornar mais uma vez à noite que narra, até o infinito.[7]

A narração, automultiplicando-se desde o interior, torna-se "infinita e circular". A chave da extraordinária ficção borgiana é, obviamente, a distração do copista. O jogo de reduplicação infinita não tem relação com a narradora, mas com um erro técnico na *tradição do texto.* O texto, a tal ponto independente de Sherazade, isto é, o texto em relação ao qual já foi decretada "a morte do autor", torna-se o verdadeiro e único protagonista dessa circularidade infinita que afasta indefinidamente a morte.

O jogo de Borges é muito sutil, pois a narrativa interpolada do copista é aquela que funciona como *moldura.* Como se sabe, o livro das *Mil e uma noites* consiste na compilação de histórias fantásticas dentro de uma história que serve de moldura. Procedimento amplamente utilizado na narrativa de invenção – basta

---

7 J. L. Borges, *Tutte le opere,* 1985, p. 698. No texto citado, o nome Sherazade tem outra transliteração. Por critérios de uniformidade, aplico aqui e em qualquer texto citado de agora em diante uma única forma de transliteração. A interpolação da história-moldura parece não jorrar de todo da fantasia de Borges. O catalão Ramón Llull (1233-1316) poderia estar na fonte do jogo. Cf. Robert Irwin, *The Arabian Nights: A Companion,* Londres: Penguin, 1994, p. 95. (N. A.)

pensar, no caso da literatura italiana, no *Decamerão* –, a moldura "exibe, vistosamente, o próprio ato da narração."[8] A moldura, portanto, é a narrativa que gera a narrativa, exibindo sem mistério essa sua função geradora. Nas *Mil e uma noites*, ela consiste em uma história que abre e fecha a proliferação interna das histórias.

Trata-se, como se sabe, da história do sultão Shahriar. Traído pela esposa, o sultão a mata e estende a sua sede de vingança a todo o gênero feminino. Ele decide se casar com uma nova virgem a cada noite, apenas para ter o prazer de ordenar seu assassinato pela manhã. A corajosa jovem Sherazade entra em cena justamente para dar cabo dessa tragédia. Depois de ter sido oferecida como esposa ao rei sanguinário, ela começa a narrar, antes do amanhecer, uma história envolvente que só é interrompida pela luz diurna: a suspensão da história, cujo fim ele deseja saber, adia, assim, também a morte da narradora. A cada amanhecer, a narrativa é retomada e o ritual recomeça. As noites se sucedem a outras noites, e histórias se sucedem a outras histórias. Até que, depois do último conto, Sherazade pode evitar a morte mostrando os filhos (ao que tudo indica, homens) nascidos dos amores conjugais de mil e uma noites. A primeira história enfim é retomada e tem seu final feliz. Ela funciona como moldura para todas as outras.

Fiel aos cânones do modelo clássico, a história de Sherazade e do sultão, a história-moldura, não é, portanto, narrada por Sherazade, mas é aquela que legitima o papel de narradora que ela assume em relação aos outros contos. Uma moldura gera e abarca a proliferação das narrativas, mas não se confunde com elas. A invenção literária de Borges, então, perturba em um ponto crucial a estrutura narrativa habitual. A distração do copista coloca na boca de Sherazade o próprio conto que

8 Renato Cavallaro, "Sociologia e storie di vita: il 'texto', il 'tempo' e lo 'spazio'", in Maria I. Macioti (org.), *Biografia, storia e società*, Nápoles: Liguori, 1985, p. 61.

funciona como moldura, tornando-o uma das muitas histórias das quais deveria, ao contrário, se distinguir. Portanto, é claro que o efeito é um pouco chocante: "Não é assombroso que na noite 602 o rei Shahriar ouça da boca da rainha sua própria história? Ouve o princípio da história que encerra todas as outras, e também – de forma monstruosa – a si mesma."[9]

Os elementos de inquietação são pelo menos dois: à monstruosidade do conto, que encerra todos os outros além de si mesmo, acrescenta-se a surpresa do rei ao ouvir sua história ser contada. Assim, parece que, seguindo as ficções do talento borgiano, nos ocorreu confrontar mais uma vez o paradoxo de Ulisses. A circunstância é de fato curiosa e complicada. O certo é que a cena dos feácios continua a agir como um ímã. Foucault nos sugere certa semelhança dela com a narrativa árabe, pois é uma narração contínua que deseja manter distante a morte e, assim, entretém-se com ela. Borges, por sua vez, aumenta a dose com a circularidade infinita do conto e chega a nos reapresentar a notável situação em que alguém ouve a própria história ser contada por um outro. Na conclamada centralidade do jogo *textual*, Sherazade continua a ser, todavia, uma mera função do conto.

Existe, é claro, uma forma mais ingênua de olhar para a figura de Sherazade. Nesse extraordinário cenário de misoginia – que vê o sultão mandar estrangular a esposa infiel, acrescentando a isso a decapitação imediata de todas as suas servas, para depois reservar-se uma longa série de noites nupciais que terminam com um estrangulamento matutino –, Sherazade é uma figura especial. De fato, sabemos que "tinha uma coragem acima do seu sexo, muitíssimo espírito e admirável inteligência [...] muito culta, era dona de memória tão prodigiosa que nada lhe

---

9 J. L. Borges, *Sete Noites*, São Paulo: Max Limonad, 1980, p. 94.

escapava de tudo quanto havia lido."[10] Assim, na construção narrativa, há um jogo bipolar evidente. De um lado, está o sultão como símbolo de uma posição masculina de misoginia e crueldade. Do outro lado, está Sherazade como símbolo de uma sabedoria feminina capaz de desmentir o preconceito misógino e derrotar seus efeitos violentos.

O elemento mais interessante não consiste, todavia, nessa vitória anômala do feminino sobre o masculino, mas no tipo de sabedoria que Sherazade encarna. Trata-se, precisamente, da arte, toda mulheril, de narrar. Em outras palavras, com suas vastas leituras e boa memória, a jovem acaba por confirmar sintomaticamente, em terras árabes, tanto a "diva" que Homero invoca em seu canto quanto a mítica Calíope que, como toda musa, é filha de Mnemosyne. A épica antiga, de resto, não é perturbada para que seja encontrada a *storyteller*: velhas bruxas ou sábias cuidadoras, avós ou cegonhas, fadas ou sibilas estão por todos os lados no imaginário literário, testemunhando as fontes e as práticas femininas da narração.[11] Sherazade entrou em nossa tradição no início do século XVIII e logo se tornou a *narradora* por antonomásia, funcionando como uma ligação significativa entre um Oriente e um Ocidente que concordam em relação à matriz feminina da narrativa. As mulheres contam histórias, e há sempre uma mulher na origem do poder *encantador* de uma história.

Conscientes da matriz feminina da narrativa, podemos então nos aprofundar no detalhe da história que serve de moldura. De índole corajosa e perspicaz, a jovem árabe lê, recorda e narra. Ela não é, portanto, a autora das histórias, mas aquela que as passa adiante. No entanto, a arte de escolher as ocasiões e as formas que dizem respeito à narração é completamente

10 *Le mille e uma notte*, Vicenza: Orsa Maggiore, 1994, p. 29. [Ed. bras.: *As mil e uma noites*, trad. Alberto Diniz, Rio de Janeiro: HarperCollins, 2017.]

11 M. Warner, *From the Beast to the Blonde*, 1995, p. 13ss.

sua. Ninguém a obriga a liberar seu talento; ao contrário, é ela que decide arriscar a vida para salvar com sua arte outras virgens de uma morte inevitável. Longe de se encontrar involuntariamente em uma situação em que ela precisa narrar para não morrer, Sherazade vive para narrar e para que outras vivam. A morte, que surge no fim de cada conto, foi desafiada por uma escolha explícita. Por decreto de uma amostra de virilidade, que faz coincidir os seus desempenhos sexuais com o assassínio, todos os dias no reino há "uma jovem noiva e uma mulher morta" de acordo com um ritmo obsessivo que consome, em apenas um dia, a virgindade e a vida de novas esposas. Contrariamente à lei do sultão, que faz a morte se seguir ao sexo, a lei de Sherazade faz a narrativa se seguir ao sexo, desvinculando o sexo tanto da morte quanto do rito da defloração. A narração e o amor conjugal andam de mãos dadas em mil e uma noites. O conto não apenas suspende a morte, mas ganha tempo para gerar vida. Na cena narrativa da relação, apesar de sua marca terrível, eros e história obedecem a um só ritmo.

Há um particular de máxima importância que em geral é esquecido nas análises das *Mil e uma noites*. Sherazade não conta a primeira história ao sultão, mas à irmã, Duniazade, que é sua cúmplice na façanha arriscada. Em um leito mais baixo em relação ao leito nupcial, a irmã teve até permissão para dormir no quarto dos esposos. Antes do amanhecer, conforme seu acordo com Sherazade, ela deve lhe dirigir o pedido de escutar, de sua boca, pela última vez, a narrativa de uma de suas maravilhosas histórias. A pedido da irmã, Sherazade começa, então, antes do amanhecer, uma narrativa que cativa o sultão até os primeiros raios de sol e o faz adiar a morte da narradora até o dia seguinte. No entanto, ele não é o destinatário explícito de uma narrativa que pediu, mas apenas um ouvinte habilmente atraído pela arte de narrar e por sua estratégia de *suspensão*.

Na verdade, é típico de toda história exigir que a narrativa só pare no fim, quando a própria história termina e o silêncio pode falar. Para usar as palavras de Karen Blixen, toda boa narradora sabe que "onde o narrador é fiel, eternamente, inflexivelmente à sua história, lá, no fim, falará o silêncio."[12] A história está sempre suspensa *sobre* o seu fim. Formada, como é evidente, pela "dura escola" da narração oral, Sherazade sabe que a suspensão do conto pertence à genuína arte de narrar. Na proclamada sabedoria que lhe compete, portanto, ela não corre um risco real diante da sede sanguinária de seu marido. A lógica da narrativa vence o desejo misógino de vingança. Conforme seu estatuto, o desenvolvimento do conto, constitutivamente suspenso sobre o fim da história, cativa o desejo do ouvinte até a sua conclusão irresistível.

Essa conclusão, contudo, nas *Mil e uma noites*, é ao mesmo tempo o fim de uma história que gera o início de outra. Obra-prima do seu gênero, o texto árabe é construído como uma matriosca: os personagens das histórias narradas por Sherazade contam, por sua vez, histórias cujos protagonistas aparecem como narradores de outras histórias, e assim por diante. O número 1001, na cultura árabe medieval, representa precisamente o infinito. O mecanismo interno ao enredo narrativo é potencialmente capaz de proliferar as histórias contadas sem nunca parar. A germinação interminável do conto pode, assim, inspirar Borges – e os seus epígonos – com a extraordinária ficção do leitor que se encontra encurralado no texto. À imagem clássica do infinito como circularidade, acrescenta-se aqui a forma de um labirinto com mil percursos possíveis, mas sem saída. Tudo é interno à narrativa, e a narrativa é tudo. Não são as vidas que produzem histórias: são, ao contrário, as histórias que produzem personagens que *se acreditam* viventes. O conto não se limita a seduzir o leitor com

---

12 K. Blixen, "La pagina bianca", in *Ultimi racconti*, 1995, p. 116. Uma célebre leitura feminista desse extraordinário conto, pivotada sobre a relação entre o sexual e o textual, deve-se a Susan Gubar, "'The Blank Page' and the issues of female creativity", *Critical Inquiry*, nº 8, 1981, p. 294-306. (N. A.)

sua capacidade ilusionista, mas faz dele a ilusão de uma existência real que ignora ser um conto. Invertendo-se em seu contrário, o efeito ilusionista da narração mostra, portanto, que pode ir muito além do que o próprio Platão poderia imaginar.

No entanto, há outro sentido possível no jogo da trama infinita que enreda as histórias. De certo ponto de vista, *As mil e uma noites* também se prestam, extraordinariamente, a funcionar como a representação fantástica do "realismo" arendtiano sobre a biografia. Não há dúvidas de que se possa defini-lo como "realismo", já que Arendt funda a sua teoria da narração na distinção preventiva entre histórias verdadeiras e histórias inventadas, e só depois especifica que o conto se limita a narrar a história de vida resultante das ações de quem as viveu realmente. Ainda mais surpreendente, porém, é a hipótese de que tal realismo termine podendo se ligar ao exemplo talvez mais célebre do fantástico (ou melhor, do maravilhoso: porque aqui não é o caso de nos aprofundarmos em classificações do gênero literário). O ponto de convergência consiste no papel central do enredo.

Exposto, relacional e contextual, o si arendtiano deixa para trás uma história de vida que se entrelaça constitutivamente com muitas outras. Para dizer em mais detalhes,

> [...] o desvelamento do "quem" por meio do discurso e o estabelecimento de um novo início por meio da ação inserem-se sempre em uma teia já existente, onde suas consequências imediatas podem ser sentidas. Juntos, iniciam novo processo, que finalmente emerge como a singular estória de vida do recém-chegado, que afeta de modo singular as estórias de vida de todos aqueles com quem ele entra em contato.[13]

13 H. Arendt, *Vita activa*, 1989, p. 134.

As histórias resultantes da exibição de seres únicos em uma cena plural já estão entrelaçadas umas às outras, inextricavelmente. É por isso que Homero, o *storyteller*, é também o primeiro historiador. A grande História da humanidade, resultando do enredar-se das histórias individuais, nada mais é do que o livro de histórias singulares das quais Homero sabe contar, ao mesmo tempo, a unicidade e a trama. Por colocar em palavras o entrelaçamento das histórias do qual resulta a História, Hannah Arendt nos assegura que a épica homérica é muito mais "realista" do que a historiografia moderna.

Afinal, é fácil perceber que, de forma semelhante a Sherazade, Homero também enfatiza o enredo ao narrar heróis que se tornam, por sua vez, narradores de histórias que contenham a narração de novas histórias por terceiros. Bastante conscientes do fenômeno, tanto Platão quanto Aristóteles chegam a deduzir dele uma teoria literária. Uma vez que sobre isso foram escritas páginas e páginas de fortuna crítica, é impossível fornecer aqui uma discussão abrangente. Contudo, embora nos limitemos a um trecho da *Repúblic*[14] de Platão, não podemos renunciar a apresentar uma síntese de seu núcleo essencial. O objetivo é indagar as estranhas ligações que parecem se entremear entre o "realismo" de estilo arendtiano e os cânones arcaicos do fantástico.

Livremente adaptado do episódio homérico que desde o início nos acompanha, o argumento de Platão consiste em uma distinção elementar. Ele destaca como a narrativa de Homero, que concerne à cena dos feácios, e a narrativa autobiográfica, que flui da boca de Ulisses, são de tipos diversos. O primeiro é uma narração simples (*diegesis*), o segundo é uma narração imitativa (*mimesis*).[15] Para simplificar, a *diegesis* é um discurso indireto do narrador, o qual conta sobre como "a Musa logo o [aedo] incitou a falar sobre os

---

14 Platão, *A República*, trad. Carlos Alberto Nunes, Belém: EDUFPA, 2023.
15 Platão, *Repubblica*, 392d.

feitos dos homens, gestas/ de heróis, cuja fama o alto céu, nesse tempo, atingira,/ a dissensão entre Aquiles Pelida e Odisseu, tão falada,/ quando no lauto banquete dos deuses os dois se avieram/ com feios e ásperos ditos" etc.; enquanto a *mimesis* consiste na imitação homérica do discurso direto de Ulisses, o qual, falando em primeira pessoa, diz: "Sou de Laertes o filho, Odisseu, conhecido entre os homens/ por toda a sorte de astúcias; bater foi no céu minha glória" etc.[16] Para além dos resultados, ainda que recentes, desse primeiro rascunho da teoria narratológica, um fato decisivo se torna bastante claro. A partir da grande narrativa épica, o *storyteller* narra substancialmente histórias em que os protagonistas das mesmas histórias narram em primeira pessoa a própria história, produzindo-se, além disso, seja com a narrativa indireta, seja com aquela mimética, na narração das histórias de terceiros. As histórias não apenas se entrecruzam, mas germinam uma na outra. A estrutura de *As mil e uma noites* não parece muito distante disso. Para usar as palavras de Benjamin, o elemento da musa na épica é o mesmo da grande narradora Sherazade.[17]

Assim, a épica homérica, ainda mais interessante por causa dessa afinidade com a narrativa árabe, pode nos fornecer algumas dicas cruciais. Em primeiro lugar, como destaca Hannah Arendt, ela tira do esquecimento a identidade do herói, porque narra a história alcançada pelos feitos gloriosos e transmite sua fama para além da morte. Em segundo lugar, outra vez em perfeita coerência com a leitura arendtiana, coloca em palavras o entrelaçamento constitutivo das histórias individuais das quais a grande História resulta. Em terceiro lugar, e desta vez sem o consentimento de Arendt, sugere que o tempo e o lugar na narração *não* são sempre e necessariamente póstumos. Imitando o

---

16 Homero, *Odissea*, VIII, v. 73-77 e IX, v. 19-20.

17 W. Benjamin, "Il narratore. Considerazioni sull'opera di Nicola Leskov", op cit.

discurso direto, a *mimesis* coloca a narrativa do herói no tempo e no lugar do seu acontecimento. Posto em cena pela *mimesis* homérica, Ulisses narra a sua história aos feácios depois de ouvi-la ser narrada pelo aedo. Posto em cena pela tragédia – que é a arte mimética em seu estado puro –, Édipo escuta de terceiros a narrativa de sua história. A encenação é, obviamente, uma ficção, uma representação: em outras palavras, uma narrativa. Contudo, se prestarmos atenção, a sua representação tem um sentido que vai além do puro artifício. Consiste na implícita re-presentação daquela que poderíamos chamar de sua *cena originária*.

Tal cena não coincide com a obra artística, mas com uma prática narrativa espontânea, talvez inscrita na própria condição humana, que gera a obra e a legitima. Em resumo, os seres humanos contam suas histórias uns aos outros e relatam histórias que ouviram ser narradas em uma prática narrativa do enredo que talvez remonte a tempos imemoriais. A cena constitutiva do conto contempla um si narrável que deseja a relação e pertence a um contexto *real* no qual os seres humanos contam histórias uns aos outros. Para citar mais uma vez Benjamin, "a experiência que passa de boca em boca é a fonte a que recorreram todos os narradores."[18] Considerada originária, ou seja, mais antiga do que o *storyteller* de profissão e capaz de originar seu papel, tal prática da narrativa entrelaçada é a verdadeira inspiração da obra. Em seu trabalho de representação, a obra se limita a abrir uma cena literária que a re-presenta em forma de ficção.

Para dizê-lo com certa ingenuidade judiciosa, a *mimesis*, de fato, não cria, mas imita. De modo notável, também imita quando é *diegesis*, porque imita uma prática narrativa que opera nas relações humanas, nas quais o discurso indireto já é uma das modalidades do contar que se entrelaçam umas às outras. Tal prática narrativa, mais ou menos influenciada pelas

---

18 Ibid., p. 248.

armadilhas da obra, sobreviveu aos milênios. Não precisamos incomodar os antropólogos, nem maldizer a televisão em nome da civilização camponesa, para observar de que modo ela ainda está presente nos diferentes cenários da narrativa, que vão desde o gosto pela fofoca ao convívio familiar, dos encontros entre amigas às conversas entre estranhos e, acima de tudo, da amizade ao amor. Como lamenta Benjamin, a era moderna, é claro, distancia-se abruptamente da experiência antiga da narração que se configurava como "comunidade". Todavia, como o sabem especialmente as mulheres e os amantes, alguns cenários de reciprocidade narrativa resistem ao impacto e renovam, sob outras formas, a prática originária do narrar. Sua realidade é difundida e vive no cotidiano.

Assim, solicitadas por Homero e com a curiosidade acesa por Sherazade, aterrissamos do realismo arendtiano em um realismo de molde ainda mais material: na cotidianidade de certas experiências em que o hábito de narrar histórias, próprias ou de outros, é um fato. Para não perder o fio da argumentação, nos limitaremos a tirar conclusões enunciando uma espécie de "teoria" literária. Em síntese, ela defende que, ao menos no início, a imitação narrativa pelo enredo responde diretamente ao contexto prático que a gerou.

Trata-se, obviamente, de uma imitação complexa e maravilhosa que tem seus cânones, seus desenvolvimentos e suas invenções. Como Platão já notava, preocupado, ela seduz pelo impulso *imitativo* de sua arte o próprio contexto que a gerou. De resto, a obra tem sua própria história, ou seja, pertence a uma história da literatura que a articula em gêneros e narra sua história. Se a nossa hipótese é verdadeira, embora de maneiras diferentes, Homero e Sherazade, como *storytellers*, estão no início dela. Ao fazerem proliferar na narrativa o cruzamento das histórias de acordo com ritmos antigos, a arte deles responde ao caráter relacional da cena original por meio de uma *mimesis* ainda próxima e fiel à prática. Em certo sentido, como admirador confesso dos dois, Borges, ao contrário, está no fim dela, pois inverte pela raiz a própria gênese da estrutura. Em sua história que engoliu as vidas, as relações tornam-se, na verdade, exclusivamente textuais, con-textuais. O texto nega a realidade da qual, originalmente, retirou a inspiração. A representação, em vez de re-presentá-la, engole a cena original e a apaga.

Assim, a genealogia da narração, depois de ter feito da prática cotidiana da narrativa uma arte refinada, alcança – por um deslizamento progressivo em direção à autonomia da obra – a onipotência do livro. No fim da história, em vez de ser o narrável, o existente torna-se, paradoxalmente, um narrado que às vezes se ilude acreditando ter uma existência. Portanto, é evidente que Sherazade, como criatura literária do exótico, cai mais docilmente do que outras nas armadilhas do jogo. Nesse jogo, tudo está de cabeça para baixo. A narração infinita de Sherazade, que deseja evitar a morte, acaba por tornar vão seu objetivo, fazendo da própria vida uma ilusão. No texto, ela conta como *o corpo do livro* apenas experimenta os amores de mil e uma noites, parindo três filhos nesse tempo. A narrativa, portanto, prolifera e é prolífica. A cegonha desenhada na folha trabalha regularmente, com êxitos imprevistos.

Quem teve a sorte de viver uma infância cheia de histórias, embora possa ter suspeitado em algum momento de que a cegonha trouxesse os bebês, sabe perfeitamente que não são os textos que trazem à luz os recém-nascidos. Apesar disso, o existente existe e resiste. Além disso, sabe-se que, a partir do eros platônico, que paria filhos discursivos com o discurso, o poder fecundador do *logos* é uma questão antiga que odeia o existente. Com a permissão de Decartes, o "*Cogito ergo sum*"[19] nunca colocou ninguém no mundo.

---

19 "Penso, logo existo." (N. T.)

Para usar palavras mais pacatas, em estilo britânico, "a um determinado ponto, certamente, precisaremos aceitar que a realidade material existe de fato, que ela esbarra em nós o tempo todo, que os textos não são a única coisa."[20]

---

20 L. Stanley, *The Auto/biographical I*, 1992, p. 246.

Karen Blixen, ou a regra clássica de narrar uma história

Você deveria escrever sobre o que leva as pessoas a desejar uma história. A desejar a narrativa de histórias. Vida ordinária de gente ordinária, como em Simenon. Não se pode dizer como é a vida, como o caso ou o fato tem relação com as pessoas, a não ser contando a história delas. De forma geral, pode-se dizer apenas isto: sim, foi isso mesmo que houve. [...] *Sem acontecimentos, parecemos incapazes de viver; a vida se torna um fluxo indiferente e passamos a distinguir com dificuldade um dia do outro. A própria vida é cheia de histórias.*
— HANNAH ARENDT, carta a Mary McCarthy[1]

Encarnação moderna de Sherazade, como gostava ela mesma de lembrar, Karen Blixen escreve histórias envolventes e, em pleno século XX, adota a forma arcaica da narração, isto é, a marca oral da narração.[2] Sua filosofia é resumida por Hannah Arendt na sen-

1 H. Arendt e M. McCarthy, *Between Friends: The Correspondence of Hannah Arendt and Mary McCarthy 1949-1975*, San Diego: Harcourt, 1995. [Ed. bras.: *Entre amigas: A correspondência de Hannah Arendt e Mary McCarthy*, Rio de Janeiro: Relume Dumará, 1995.]

2 Nadia Fusini, *Nomi*, Milão: Feltrinelli, 1986, p. 23.

tença "ninguém tem uma vida digna de ser pensada sem que se possa contar sua história de vida."[3] A história, na verdade, "revela o sentido daquilo que, do contrário, permaneceria como uma sequência intolerável de puros acontecimentos". No entanto, ao ler Karen Blixen, é possível se deparar com um homem que não tem nenhuma história. Acontece ao senhor Clay, protagonista de *A história imortal*.[4]

Capturado nas malhas vorazes de seu ego, o senhor Clay, "um comerciante de chá extraordinariamente rico",[5] vive uma existência que coincide com o seu trabalho. Para ele, não há mundo além da esfera de seus afazeres e de seu poder implacável de grande comerciante. Assim, o que ele deixa para trás não é uma história de vida, mas as cifras das suas transações comerciais. Dessa forma, quando, ao envelhecer, doente de gota, fica imobilizado, a única forma que encontra de passar o tempo é pedir a um jovem atendente que leia para ele os livros de contabilidade. Assim é que, de registro em registro, eles passam as noites, e o doente insone encontra algum alívio. De registro em registro, a monótona leitura do atendente narra ao senhor Clay as *coisas* ocorridas em sua vida, isto é, as cifras dos negócios que o comerciante deixou para trás como sua única e tangível forma de existência. Até que terminam os registros. E não há mais nada para ser lido.

É o *plot twist* decisivo. O senhor Clay, na verdade, sabe que há mais a ser lido. Sabe que "as pessoas podem se referir a acontecimentos ocorridos fora dos livros de contabilidade", e sabe que tais narrativas se chamam histórias. Na juventude, até escutou de um marinheiro uma história que "se referia a coisas acontecidas a ele mesmo." Tratava-se, portanto, de uma história

---

3 H. Arendt, "Isak Dinesen (1885-1962)", 1990, p. 170.

4 K. Blixen, *A história imortal*, trad. José Miguel Silva, Lisboa: Relógio D'Água, 2015.

5 K. Blixen, *Capricci del destino*, Milão: Feltrinelli, 1966, p. 151.

autobiográfica, ou seja, de uma narrativa de fatos ocorridos ao narrador. Visto que ainda se lembra dela, invertendo os papéis, o senhor Clay decide, por sua vez, narrá-la ao atendente.

Certa vez, conforme contava o marinheiro, ele fora interpelado por um rico cavalheiro durante uma breve parada no porto de uma grande cidade. Prometendo pagar-lhe cinco guinéus, o cavalheiro o conduzira até sua casa suntuosa para reabastecê-lo com vinhos e comida. Depois disso, começara a revelar ao marinheiro que tinha uma jovem esposa, mas nenhum filho a quem deixar sua enorme fortuna... A história, neste ponto, parece prometer uma reviravolta interessante, se não picante. Mas é nesse momento que, para tomar fôlego, o senhor Clay é obrigado a interrompê-la, ou melhor, é interrompido pelo atendente. Este declara, surpreendentemente, que conhece de cor e salteado essa mesma história, e que pode continuar a narrativa. Assim, é pela boca do atendente que a narrativa prossegue. O velho senhor, rico e sem filhos, conduziu o marinheiro até o leito onde estava sua esposa, dizendo-lhe: "conheces meu desejo, agora faz o melhor para realizá-lo." Com sua moeda de ouro de cinco guinéus, depois de uma noite de amor e sem encontrar outra vez o benfeitor, o jovem retornou ao navio e partiu para outros afazeres.

Na obra blixeniana, é frequente a estratégia da narração por vozes que se sucedem ou a repetição da mesma narrativa a partir de perspectivas diversas. Afinal, é evidente que toda a história que relemos aqui foi inventada por Karen Blixen. Mas também não era assim para o Ulisses homérico e para o Édipo sofócleo? Não deixemos, contudo, que essa pergunta inevitável nos envolva. Seguindo Hannah Arendt, decidimos assumir "ingenuamente" a invenção artística como moldura que oferece matéria especulativa ao teorema da ligação entre identidade e narração.

No caso do senhor Clay, esse teorema esbarra em um problema que é mesmo extraordinário. Consiste no fato de que a história do marinheiro tem a particularidade de nunca ter ocorrido a ninguém. Como diz o atendente: "todos os marinheiros a contam, e todos a contam como se os fatos tivessem ocorrido a eles mesmos, porque gostariam de que assim fosse. Mas não é verdade." Trata-se, em suma, de uma história descaradamente inventada, não de um *resumo* de acontecimentos reais. Nesse sentido, a diferença para os livros de contabilidade é, portanto, abissal. Diante de seu patrão estupefato, o atendente ainda dá uma cartada final: a história nunca aconteceu e *nunca* acontecerá, e é por isso que ela é contada. Se as histórias dos profetas têm o defeito – segundo o senhor Clay – de predizer coisas que começam a ocorrer apenas "depois de mil anos", a história do marinheiro tem um defeito maior ainda. Não apenas nunca aconteceu, mas nunca acontecerá. A irrealidade factual do seu conteúdo está relacionada ao passado, ao presente e ao futuro: não pertence ao tempo.

Para dizer a verdade, esse problema só é grave para o senhor Clay. Qualquer pessoa, dentre elas o atendente, poderia se contentar com a distinção entre histórias verdadeiras e histórias inventadas. No entanto, neste caso, não se trata de uma história simplesmente inventada, mas de uma história caracterizada pela extraordinária lei segundo a qual nunca poderá acontecer a ninguém. O obstinado realismo do senhor Clay – para quem toda narrativa é um resumo de coisas acontecidas – não pode suportar isso. Afinal, ele se encontra em uma situação realmente paradoxal: diante de uma existência pessoal que não é correspondida por qualquer história de vida, descobre a existência de uma história de vida que, por princípio, não pode corresponder a nenhuma existência. A atração entre os dois polos dessa oposição é inevitável. Protagonista de meros acontecimentos comerciais, que são resumidos em números, ele decide traduzir em acontecimentos a única história de vida que conhece. Ele a fará acontecer, dará matéria empírica à narrativa.

Visto que um velho com gota não conseguiria reproduzir as façanhas do marinheiro, essa materialização não produzirá, de qualquer forma, a história do senhor Clay. Antes, será uma história de cujos acontecimentos ele também participa, claro, no papel do rico cavalheiro. Aqui, as dificuldades começam, pois o senhor Clay não é casado, muito menos com uma jovem esposa. Então precisa encontrar uma moça – para dizer a verdade, não tão jovem assim –, que vai se tornar uma atriz contratada da história. Assim, a lei da impossibilidade do acontecimento vence desde o início, impondo a ficção. Todos devem recitar uma parte, encenando um roteiro. O único a quem a história de fato poderia ocorrer é um jovem marinheiro, escolhido entre os que desembarcam no porto. O desafio, como diz o senhor Clay, é fazer a história se tornar realidade para que ao menos um marinheiro possa narrá-la, do início ao fim, como de fato lhe aconteceu.

Terminados os preparativos, essa espécie de "comédia do Demônio" se inicia. Seu herói é um marinheiro dinamarquês que, embora reconheça a história que tantas vezes ouviu, aceita o convite do velho senhor pela necessidade desesperada de obter cinco guinéus. Tudo acontece, mais ou menos, de acordo com o roteiro, exceto pelo fato de que o objetivo real da esquete falha de forma irreparável. Depois da noite de amor, interrogado pelo atendente, o marinheiro nega que o que lhe aconteceu seja idêntico àquela velha e conhecida história. Além disso, ele considera inútil contar uma história que todos conhecem e que ninguém acreditaria ser verdadeira. Se o objetivo é que a história seja narrada por quem de fato a viveu, toda essa encenação, portanto, fracassa. O dinamarquês nunca a contará. Em vez disso, todos os outros marinheiros do mundo continuarão a contá-la, porque sabem que nunca aconteceu e nunca acontecerá. Assim, a história confirma seu estatuto de imaterialidade e, por isso, revela-se imortal.

Há enorme entretenimento e a arte muito refinada da narradora Karen Blixen na trama polissêmica de *A história imortal*. Contudo, um de seus possíveis significados é claro: consiste no desejo do senhor Clay de tornar a história real. Essa é uma história particular; pois, embora inventada, assim como as histórias de vida, não tem um autor. É uma história imemorial, inventada e contada pelo povo; uma história tão antiga quanto a difícil profissão dos marinheiros, que reconhecem nela o seu desejo irônico de serem os protagonistas, justamente porque a percebem impossível. O desejo do senhor Clay é muito diferente disso. Ao contrário do jovem dinamarquês e dos marinheiros, ele não tem uma história própria. Seu caso é extraordinário, pois sua identidade narrável está ausente, substituída por números contábeis. Enraizado nessa completa falta, isto é, enraizado nessa existência tacanha e isolada que parece não deixar para trás nenhuma história, seu desejo de ter uma só pode confundir esse "ter" com "possuir" e, por isso, com dominar e produzir. A "materialização" da história é, para ele, uma manifestação de onipotência, um fazer o que não pode ser feito. Da mesma maneira que gerou sua fortuna e seu milhão de libras, ele quer gerar a história, junto ao filho que não é seu – e também não de sua esposa – que poderia resultar daquela noite de amor. O que ele pretende realizar em tal empreendimento é de fato "um mundo criado por sua vontade e sob seu comando", um teatro de bonecos jovens e robustos movidos por sua mão. Não lhe basta participar do roteiro da história, ou seja, torná-la sua, pelo menos para o papel fictício que lhe cabe.

O velho Clay quer *fazer* história, retirando-a de seu escandaloso estatuto de invenção de origem imemorial. Assim, se a história não tem um autor, a sua materialização terá.

O comerciante avarento perde, é evidente, um aspecto crucial. Embora não reivindique sua factualidade empírica, mesmo uma história inventada narra no presente coisas passadas, isto é, coisas que já aconteceram. Fazer acontecer uma história no futuro é, por definição, impossível. Todavia, no caso dessa história de gênero autobiográfico, nos encontramos na presença de uma característica peculiar. Ela tem a qualidade extraordinária de ser infinitamente repetível: todo marinheiro a conta como se fosse a sua própria história, contrariando, dessa maneira, a regra que torna toda história de vida – mesmo as inventadas – a história irrepetível de alguém. Na verdade, infinitamente repetível é o ato de contar uma história, ainda que seja a história de vida de alguém, não a sua própria, que, como tal, é a história irrepetível de alguém. Assim, a história do marinheiro é de todos justamente porque não é a história de ninguém: seu herói é um lugar vazio que pode ser infinitamente substituído por um nome próprio. Em seu desejo de fazê-la acontecer, o senhor Clay quer parar o jogo da substituição infinita, ancorando-a factualmente a um nome próprio que a torna a irrepetível história de um único herói. Com efeito, ela deveria se transformar na história do marinheiro dinamarquês Povl, vindo assim a aderir perfeitamente ao status de irrepetibillidade que nas histórias verdadeiras *nunca* se pode infringir.

Portanto, a economia do desejo em que o senhor Clay opera é, de fato, estranha. A característica do personagem é não ter uma identidade narrável e não ter conhecimento dessa falta. Na verdade, ele não apenas leva uma existência que não deixa para trás uma história de vida, mas também ignora a existência de vidas que deixam histórias para trás. Incapaz de conceber uma identidade narrável, insensível ao si familiarizado pela estrutura narradora da memória, ele também ignora o desejo de narração que pertence a esse si. Afinal, aqui tudo acontece de forma invertida. O que já existe é justamente uma narrativa, famosa e infinitamente repetida, que conta uma história que nunca aconteceu e é substancialmente impossível de acontecer. O desejo do senhor Clay, em vez de ir do si narrável para a narração da própria história, vai da narração à impossibilidade do acontecimento dos fatos dos quais a história deveria resultar. O senhor Clay, na verdade, ignora sobretudo as ligações tecidas entre uma história de vida e o si narrável que deseja a sua narrativa.

Em vez disso, ele anseia que a única história que já ouviu ser narrada seja um *resumo* de coisas acontecidas. Assim como as cifras correspondem aos negócios, aos eventos deve corresponder uma história. Os negócios são tangíveis; portanto, os acontecimentos devem ser também. Essa suposição dos acontecimentos em termos de tangibilidade material revela precisamente a natureza estranha de seu desejo. Não se trata do desejo de uma história, mas do desejo de subverter o estatuto epistêmico de cada história, especialmente aquelas inventadas cujos eventos são intangíveis por definição.

De certa forma, o senhor Clay, curiosamente, acaba por se configurar como o oposto de Tirésias. O adivinho cego sabe toda a história, mas não pode intervir nem no que já aconteceu nem no que vai acontecer. O senhor Clay, ao contrário, conhece toda a história e intervém para que os acontecimentos passem da ficção narrativa aos fatos. Ele quer traduzir materialmente uma história inventada em uma história verdadeira, mas ignora que ambas ocorrem sempre *depois* dos acontecimentos narrados. O erro é de fato formidável, mas, na vã realização da sua maquinação, ocorre uma convergência inesperada da história inventada com as histórias de vida na mesma "verdade" narrativa.

A façanha impossível de traduzir essa história imortal em uma história de vida obviamente fracassa, mas o resultado inesperado é que esse fracasso se traduz, entretanto, nas histórias de vida dos próprios personagens. O marinheiro dinamarquês, ao se recusar a reconhecer-se na história imortal que encenou, mostra que tem uma história de vida pessoal e irrepetível: é um náufrago que acaba de ser resgatado, herdeiro de uma longa linhagem de marinheiros, e sonha em comprar um barco para navegar a costa de sua bela pátria. Afinal, foi por isso que aceitou a oferta de cinco guinéus e se tornou cúmplice do projeto absurdo de Clay. O projeto em si, isto é, a história imortal em cuja encenação o marinheiro atuou, atravessa, portanto, a sua história de vida e, ao menos por esse aspecto, vem a fazer parte dela. Outros personagens secundários também acabam por ter suas histórias de vida atravessadas pela maquinação do senhor Clay com inspiração na história inventada. No entanto, o resultado mais extraordinário diz respeito ao próprio senhor Clay. Seu encontro com a história imortal e o empreendimento absurdo que se seguiu acabam constituindo os únicos acontecimentos de sua vida que deixam para trás uma história. Ator coadjuvante em uma "comédia do Demônio" que buscava materializar a história imortal, ele deixa, contudo, um rastro de sua unicidade irrepetível na história digna de ser narrada dessa maquinação.

Portanto, ao final, o senhor Clay também tem sua história. No entanto, sua identidade pessoal, narrada por essa história, é resultante de um desejo oblíquo e desviado. Velho e ganancioso dono de bens, ele quis *controlar* o status irreversível de uma história inventada. Em vez disso, uma história de vida resultou precisamente dessa identidade pessoal que ele, como qualquer ser humano, não controla. Essa história tem, de fato, as características de toda história de vida: não podia ser prevista, nem controlada, nem planejada, porque seu herói não é seu autor. Karen Blixen, evidentemente, é a autora que, dos bastidores, a narra dentro das páginas do livro. Mas o narrador ideal, o *outro* em cena, é, no contexto, o atendente. Afinal, desde o início, visto que ele é o único com quem o velho se relaciona, ninguém melhor do que ele poderia nos dizer *quem* é o senhor Clay.

Desde o caso do infeliz Édipo, sabemos que a identidade, inscrita por esse *quem* sobre o qual se pergunta, é o verdadeiro motor de cada história de vida que aguarda a sua narração.

Karen Blixen, grande narradora, também sabe muito bem disso. "Quem são vocês?", pergunta a dama de preto ao cardeal Salviati no início de um dos *Last Tales* [Últimos contos] blixenianos.[6]

---

6 Esta e todas as citações subsequentes foram extraídas, no original, de "Il primo racconto del Cardinale", páginas 13-38 de *Ultimi racconti*. [N. A.]

Na verdade, trata-se de um bom início narrativo, ou melhor, usando as palavras de Hannah Arendt, é a única pergunta em que o próprio *início* pode ser reconhecido.

"Quem sou eu?", diz então, em resposta, o cardeal. É uma espécie de repetição automática da pergunta, mas acaba por capturar perfeitamente sua essência: trata-se de uma "identidade a confessar". Nesse aceno à confissão há, sem dúvida, um toque profissional, embora não em um sentido trivial. Nos discursos "dos seus penitentes", o cardeal de fato sempre reconheceu não a confissão de uma identidade, mas "as variações de um único grito do coração, de uma única pergunta: quem sou eu?". Em tais circunstâncias, o confessor é, portanto, o interrogado: ele não é convidado a ouvir, mas a responder sobre a identidade de quem o questiona. No entanto, ele declara não ser capaz: "Se eu pudesse responder a essa pergunta, se eu pudesse resolver esse quebra-cabeça, as pessoas que me consultam estariam a salvo." O enigma de alguém que pede a outro a revelação da própria identidade parece, portanto, neste caso, encontrar um revés.

Porém, a dama de preto não desiste. Ela também, tantas vezes, sentiu a urgência da pergunta "quem sou eu?" nas conversas sinceras com o prelado. Mas sua pergunta agora é diferente, invertida: ela agora diz "quem é você?". Nesse cenário um tanto inusitado, em que os papéis estão invertidos, o cardeal se vê forçado a responder sobre o seu próprio enigma. Percebe, então, que não apenas experimenta certo interesse pela questão, mas também que desde sempre sabe a solução: consiste em responder *de acordo com a regra clássica de narrar uma história*.

Assim, é pela boca do cardeal que começa a história, sua história de vida: fluindo depressa, em um indomável entrelaçamento de eventos, no mais feliz estilo de Karen Blixen (que nos fascina muito, mas aqui devemos negligenciar). Seja qual for o seu conteúdo, é certo que a regra clássica vale, e a pergunta sobre *quem* alguém é confirma ser possível encontrar uma resposta na narrativa da história. A identidade do cardeal, como a de qualquer outro ser humano, não se mostrou como uma "identidade a confessar", mas a narrar. Se, pelo lado da resposta, a identidade coincide com a narração, pelo lado da pergunta ela é expressa como uma espécie de desejo ontológico nascido de sua própria narrabilidade. Na pergunta "quem sou eu?", quem fala é um si narrável em busca da narrativa de sua história. E é apenas no reconhecimento decisivo dessa narrabilidade que a narrativa pode obter uma resposta.

A história autobiográfica do cardeal, solicitada pela dama de preto, encontra assim o enigma e o resolve. A sequência parece bastante simples. A pergunta "quem é você?", feita pela senhora ao prelado, encontra seu eco natural – uma repetição quase automática, uma sequência retórica – no "quem sou eu?" do interrogado, e a narrativa autobiográfica é capaz de se apresentar como resposta correta para ambas as formulações. Contudo, elas não estão no mesmo nível nem são indiferentes. Com efeito, é justamente a pergunta "quem sou eu?" que sustenta a narrativa autobiográfica do cardeal, enquanto "quem é você?" funciona mais como um convite ou uma introdução. Em suma, há uma questão fundamental, urgente e irreprimível que ressoa no coração de cada um como um questionamento da própria identidade: questão muitas vezes explicitada pelos "penitentes", dirigida aos outros, como se os outros pudessem respondê-la. No entanto, ela é o indicador de um desejo de narração que encontra aqui a sua resposta não na palavra dos outros, mas na narrativa autobiográfica. Nesse contexto, se não fosse o papel dos ouvintes, os outros pareceriam supérfluos ou simplesmente serviriam de polo retórico para a pergunta "quem sou eu?". A dama de preto, que perguntou ao cardeal quem ele é, não teria outro papel a não ser o de introduzir um autoquestionamento do prelado e ouvir sua história.

A escolha estilística do cardeal – como narrador em cena dessa história – produz, contudo, um efeito que complica o teorema e nos induz a suspeitar de que as coisas não sejam tão simples nem mesmo para Karen Blixen. O cardeal, de fato, não apenas anuncia que vai contar *uma* história que apenas no fim revela-se a *sua* história, mas escolhe narrá-la recorrendo à terceira pessoa, e não à primeira. Embora autobiográfica, a narrativa resultante não tem o tom, o estilo nem a sintaxe de uma narrativa autobiográfica. Parece, ao contrário, a narrativa impessoal feita por um terceiro, ou melhor, a narrativa do cardeal que se colocou na clássica posição do narrador como outro diante dos personagens narrados. Dessa maneira, a autobiografia assume o aspecto de uma biografia e, em seguida, arrisca perder até mesmo essa característica quando, na matéria narrada, prevalecem circunstâncias que precedem o nascimento do cardeal e se intrincam no trágico destino de gêmeos pelo qual, no fim, não se sabe se o prelado narrou a própria história ou a história de seu gêmeo. O teorema da clássica relação entre identidade e narração permanece, portanto, firme, mas muitas pistas tendem a atenuar sua marca autobiográfica.

Por outro lado, é curioso que o cardeal não consiga extrair as consequências óbvias da sua experiência como confessor. A pergunta "quem sou eu?", feita pelos penitentes, na verdade sempre insistiu em um paradoxo crucial: o de obter uma resposta *dele*. Se a regra clássica é que tal resposta consiste em contar uma história, foi, portanto, no papel de biógrafo que ele foi invocado. Todos queriam uma história – a *própria* história – da qual o cardeal seria o narrador.

Assim, para Karen Blixen, o teorema da ligação entre identidade e história também parece deslocar-se da autobiografia à biografia, colocando diretamente a necessidade do *outro* em campo. De acordo com essa hipótese, na verdade, este não tem mais o papel secundário de ouvinte, mas sim o caráter essencial do narrador. Se a solução do enigma consistir em uma "identidade a ser narrada", o outro, como seu narrador, agora é fundamental. Se a pergunta "quem sou eu?" vibra no coração de cada um e exige em resposta a própria história narrada por outro, este último não é mais o polo retórico da pergunta, mas seu pivô decisivo.

O teorema agora está claro e coincide perfeitamente com o paradoxo de Ulisses: consiste em chegar à autointerrogação de uma identidade narrável, cujo estatuto de narrabilidade deve ser reconhecido e cumprido por um outro por meio de uma narrativa biográfica. "Quem sou eu?" era, portanto, a pergunta explícita que os penitentes dirigiram ao prelado; "conte-me a minha história" era a sua mensagem intrínseca.

Lemos Karen Blixen pelos olhos de Hannah Arendt. Aliás, no breve comentário que Arendt dedica justamente a essa história, é fácil perceber um detalhe: a pergunta da dama de preto está diretamente relacionada à história do cardeal, sem que haja nenhuma menção ao aspecto autobiográfico da própria história. A estranha reticência arendtiana sobre a natureza autobiográfica da narrativa pode, obviamente, depender da sua conhecida predileção pela biografia em detrimento da autobiografia. Mas talvez haja algo mais. O conto de Karen Blixen está de fato propondo implicitamente o paradoxo de Ulisses dentro de um horizonte que alude ao si narrável e ao seu desejo. Em outras palavras, ao contrário de Hannah Arendt, Karen Blixen coloca em foco uma cena narrativa, contextual e relacional, na qual biografia e autobiografia ligam explicitamente a história ao desejo de ouvi-la ser narrada.

A história do cardeal funciona muito bem como uma espécie de comentário àquele Ulisses homérico que, deparando-se inesperadamente com a narração de sua história, reconhece a sua identidade narrável como "comovente" realidade do seu desejo. No conto blixeniano, contudo, esse enredo é mais complexo e, ao mesmo tempo, mais evidente: ao menos, tão evidente, que não pode ser esquecido. O enigma da identidade tem, de fato, duas possíveis soluções. Uma é aquela que o cardeal adota ao responder à pergunta "quem é você?" com uma história autobiográfica. A outra é aquela que os penitentes invocam ao pedirem que sua história seja narrada por um outro. Sobretudo nessa segunda solução – que repete o paradoxo de Ulisses, embora aqui não lhe seja dado prosseguimento –, a identidade narrável se liga a um desejo explícito da narração por outro. É exatamente esse desejo de narração enraizado em si mesmo que sustenta a pergunta "quem sou eu?", que desponta do coração dos penitentes.

Para Karen Blixen, fascinada pela metáfora da cegonha, a narrabilidade do si não deve ser entendida como algo potencial, como uma possibilidade lógica disponível para o si, mas como uma exposição total e irresidual do si à própria história, que não tem um núcleo mais verdadeiro e profundo. O si narrável se constitui plenamente apenas na narração de sua história, isto é, no desenho de uma vida que só a história retrata. No entanto, embora na escrita blixeniana esse desenho muitas vezes leve o nome um tanto inquietante de destino, ele só se revela *depois* e como uma espécie de *novidade* em relação à vida que, sem intenção ou conhecimento, a incorpora.

De fato, em "O dilúvio em Norderney", acontece com a jovem Calypso que a própria história, narrada a ela pela senhorita Malin, seja ouvida pela protagonista como se fosse "a primeira vez", embora fosse "um símbolo, uma imagem mais elaborada do que havia se passado na realidade".[7] O si não planeja seu destino nem o segue; ao contrário, encontra-o na história dos outros, reconhecendo nele, com certa surpresa, os atos da própria vida.

Para Karen Blixen, que entende de histórias, a pergunta que, na cena narrativa, torna manifesto o desejo do si é, portanto, sempre a que questiona "quem eu sou?" dirigindo-se a um outro. Mais uma vez, é útil distinguir cenários e evitar confusões. Segundo o raciocínio de Hannah Arendt, a pergunta "quem é

---

7 K. Blixen, *Sette storie gotiche*, Milão: Bompiani, 1982, p. 50-51. [Ed. bras.: *Sete narrativas góticas*, trad. Claudio Marcondes, São Paulo: SESI-SP, 2018.]

você?" não pertence à mesma cena de "quem sou eu?", mas à cena de um espaço exibitivo compartilhado no qual a resposta é a ação. O equívoco que colocou o cardeal em dificuldades e, como consequência, deixou Hannah Arendt curiosamente reticente em relação ao marco autobiográfico da narrativa, portanto, deve ser atribuído à dama de preto. Na verdade, a sua pergunta está fora de contexto.

Ao perguntar "quem é você?" na cena narrativa, ela força que a resposta seja autobiográfica, e não biográfica. Então, o cardeal não errou, simplesmente se adaptou à inversão do paradoxo de Ulisses, adotando o estilo e a sintaxe da história biográfica. Se antes ele tivesse tido a perspicácia de perguntar "quem eu sou?", fazendo a pergunta à dama de preto, ele teria um duplo resultado: aquele, talvez improvável, de obter precisamente dela a narração de sua história, e, mais importante, o de reconhecer na estranha pergunta dos penitentes um si narrável que alcança a plena explicitação de seu desejo.

Esse desejo está em busca de um narrador, porque as histórias de vida, assim como os destinos, não têm autor. Ao que parece, apenas as histórias inventadas têm um autor. Fiel à forma arcaica da sua narração, a própria Karen Blixen prefere definir-se uma *conteuse*, uma mulher que, como Sherazade, mais do que inventar as histórias das quais é autora, toma conhecimento delas e as narra. "No princípio era a história", sentencia o cardeal, jogando, com surpreendente irreverência, com as palavras do texto sagrado. Contudo, a irreverência é apenas aparente.

O único autor de todas as histórias, na opinião do prelado, é de fato o próprio Deus.

O mundo está cheio de histórias esperando para serem contadas

> *Redigiu alguns contos sobre o que, para ela, deve ter sido a lição óbvia de suas loucuras juvenis, a saber, o "pecado" de tornar uma história verdadeira, de interferir na vida segundo um modelo preconcebido, ao invés de esperar pacientemente que surgisse a história, de repetir na imaginação como algo diferente de criar uma ficção e então tentar vivê-la.*
>
> — HANNAH ARENDT, *Homens em tempos sombrios*[1]

Karen Blixen adorava se comparar a Sherazade. Com efeito, em algumas das cenas de *A fazenda africana*, o papel se adapta a ela com perfeição. Ela e seu amante, Denys Finch Hatton, sentavam-se em almofadas espalhadas pelo chão ao redor de um tapete. *Entretendo-o* com a suspensão da narrativa, Karen contava histórias para Denys a fim de mantê-lo por perto, longe de suas aventuras de caçador. Eros e narração se modulavam, assim, em um dos muitos tons de seu ritmo secreto. Porém, ao contrário de Sherazade, não era uma ameaça de morte o que multiplicava as narrativas, mas o amor pelo outro: ou, talvez, aquela espécie de

1 H. Arendt, *Homens em tempos sombrios*, São Paulo: Companhia de Bolso, 2008.

pequena morte que fica no abandono de quem parte. Quando a morte realmente levou Denys, mantendo-o longe para sempre, a arte de contar histórias tornou-se inútil precisamente no seu valor de em-tretenimento obstinado do amante.

Naquele período, endividada, Karen Blixen estava perdendo para sempre também a sua África. A própria experiência do abandono não poderia ter sido mais completa. Como sabemos, apesar disso, Karen Blixen soube se adaptar aos caprichos do destino. No alvorecer de sua nova vida, na pequena casa dinamarquesa à beira-mar, tornou-se uma contadora de histórias profissional para entreter um número maior de ouvintes. Como diz seu irmão, após ler os primeiros rascunhos de *Sete narrativas góticas*,[2] seus passos continuaram naquele percurso, já anunciado pelas noites africanas, que um dia a levaria a ver a sua cegonha.[3]

Vislumbrado muitas vezes por ela e visto sem sombra de dúvida por outros, o desenho que a vida de Karen Blixen deixou para trás tem, então, o perfil de uma cegonha, ou talvez o de Sherazade. Ela escreve histórias, mas, como faz questão de destacar, sua arte é a do *storyteller*, ou seja, uma arte que pertence à tradição oral da narração. Ao contrário do romance, que constrói personagens e está pronto para sacrificar a história por sua substância psicológica, Karen Blixen se orgulha de contar histórias "sem compaixão" pelos seus protagonistas.[4] Conforme o estatuto de oralidade que outrora lhe pertenceu, a história de fato não se delicia com a narrativa introspectiva, nem aspira a descrever a *Bildung* de uma alma como o célebre romance de formação. A história, ao contrário, narra um

---

2 K. Blixen, *Sete narrativas góticas*, trad. Claudio Marcondes, São Paulo: SESI-SP, 2018.

3 Judith Thurman, *Isak Dinesen. The Life of Karen Blixen*, Londres: Weinfeld and Nicolson, 1982, p. 255-256.

4 Ibid., p. 285.

destino que prossegue depressa por eventos e acontecimentos. É o destino, totalmente incontrolável e único para cada ser humano, a que Hannah Arendt chama *daimon*. Nas palavras de Karen Blixen, é aquilo que alude à convicção de que "no fim, há provavelmente *algo* para cada indivíduo ao qual ele não pode renunciar... a 'vida' é o preço."[5]

Quer você o chame *daimon* ou destino, ou simplesmente *algo*, trata-se, portanto, daquele desenho irrepetível que toda vida traça com seu percurso: não um papel a desempenhar, muito menos uma substância escondida a encarnar, mas a imagem totalmente *aparente* – e posterior aos acontecimentos – de uma existência única que sugere uma unidade.

Como Sherazade, a narradora dinamarquesa compreende perfeitamente que é a história o que faz seu herói brilhar, e não o inverso. "Ali Babá, que não passa de um lenhador, é o herói digno de uma grande história."[6] Em outras palavras, Ali Babá não planeja nem prevê sua história. Como a muitos outros heróis, a história lhe acontece sem que ele precise se preocupar com o que é necessário para encará-la, "porque a história proverá."[7] Como boa contadora de histórias, Sherazade narra a história de Ali Babá da maneira como aconteceu, fiel a uma contingência de eventos que não pode ser explicada pela lógica necessitada da causa e do efeito. "Metade da arte de narrar é, na verdade, no ato de reproduzir uma história, deixá-la livre de qualquer espécie de explicação."[8]

---

5 K. Blixen, *Letters from Africa: 1914-1931*, Londres: Weinfeld and Nicolson, 1981, p. 351.

6 K. Blixen, "Il primo racconto del Cardinale", 1995, p. 36.

7 Ibid., p. 37.

8 W. Benjamin, "Il narratore. Considerazioni sull'opera di Nicola Leskov", 1981, p. 253.

Ao contrário, a arte moderna do romance adora explicações, olha para o íntimo, cava nas aparências para descobrir a interioridade do sujeito.[9] Debruçando-se sobre as características psicológicas do indivíduo para deixá-lo mais próximo, semelhante a nós, quase um amigo – e se interessando pelo indivíduo mais do que pela sua história –, a arte moderna mostra nitidamente que é "um produto humano". [10] Em vez disso, como diz o cardeal ao sentenciar que "no princípio era a história", o relato de uma história se reconecta à arte divina, no sentido de que nenhum ser humano cria a sua história, muito menos a controla ou decide. Como o destino, a história resulta de acontecimentos incontroláveis que não podem ser explicados ou reconduzidos a um núcleo interior que seria a causa deles.

Assim, não por acaso essa fonte divina da narrativa se reconecta à metáfora, tantas vezes utilizada por Karen Blixen, do titereiro que, dos bastidores, constrói os destinos. Nas palavras de Hannah Arendt, essa antiquíssima metáfora, já presente em Platão, é, na verdade, "apenas um símbolo do fato de que as estórias reais, ao contrário das que inventamos, não têm autor."[11] Em outras palavras, apenas a divindade onisciente, que olha de cima e dispõe dos destinos como um grande titereiro, pode desempenhar simbolicamente o papel do autor. Trata-se, para Hannah Arendt, de um papel imaginário: a vida nunca realiza um destino, mas consiste nessa exposição imprevisível da unicidade da qual resulta uma história que o protagonista nunca planejou e à qual sempre faltará um autor.

Menos apressada em distinguir histórias reais de histórias inventadas, a narradora Karen Blixen parece, ao contrário, ter conhecido profundamente a tentação de fazer de cada história

---

9 H. Arendt, *Vita activa*, 1989, p. 29.

10 K. Blixen, op. cit., p. 36.

11 H. Arendt, op. cit., p. 29.

um destino que a vida tem a função de "realizar". É uma tentação muito poderosa, se é verdade que, na juventude, "a história que planejara executar em sua vida pretendia realmente ser a sequência da história de seu pai."[12] Depois que a vida planejada como uma história lhe trouxe piadas de mau gosto, ela soube fazer uso da lição existencial inscrita na narração. Verdadeiras ou inventadas, as histórias são sempre histórias de *alguém* cuja unicidade é colocada em palavras pela narrativa. A tarefa do narrador não é inventá-las, mas garantir que o relato seja fiel à história.

Aliás, o apelo à arte divina tem o mérito de alinhar, mais uma vez, Karen Blixen à sua amada contraparte, Sherazade. Como quer a tradição do *storyteller*, que remonta à "diva" invocada por Homero (e ao contrário dos filósofos da nossa era), quem conta histórias se preocupa muito pouco com a questão do *autor*. No centro da arte arcaica de contar histórias está, justamente, a figura da narradora, não do autor. Sherazade leu muito e sabe narrar. Karen Blixen, por meio da voz de suas personagens, com frequência faz alusão à narradora como alguém que conhece uma história – cuja origem não foi investigada – e sabe contá-la com fidelidade. Quase como se a lógica do acontecimento sempre o tornasse um dado, a história *já está entregue* à arte sublime de quem a conta. Assim, as eleitas dessa arte não têm motivos para se preocupar nem com o papel autoral da invenção, nem com o poder demiúrgico de inventar uma história que "construa" ou "revele" um personagem. Pelo contrário, elas insistem sobre o papel central de uma história que parece autônoma tanto pela vontade de quem é seu protagonista quanto pela vontade de quem narra.

Como os grandes *storytellers*, Karen Blixen também sabe que a ficção narrativa alude a um horizonte de sentido em que,

---

12 H. Arendt, "Isak Dinesen (1885-1962)", 1990, p. 170.

sempre e necessariamente, o significado de toda vida vivida também entra em jogo. Na verdade, ela não tem dificuldade de *passar* da fábula do homem da lagoa à expressão pessoal do desejo de que a sua vida também deixe para trás a imagem de uma cegonha. Contrariando o paradigma do homem moderno, cuja experiência é aquela "do anonimato da série, da impessoalidade da relação, da repetição infinita, da insignificância da vida",[13] ela reconhece em cada vida um sentido irrepetível e oferece à história a capacidade de dizer. Como muitos observaram, o gesto é de fato ultrapassado, pois contrasta com todas as *tendências* que a cultura do século XX herda e transforma.

A escrita de Karen Blixen, de estilo arcaico e confiante no significado da existência, na verdade abre uma cena narrativa que é anômala tanto em comparação com os autores do clássico romance de formação quanto com aqueles que escrevem "histórias de formação nas quais a formação não ocorre: em que a cultura objetiva, enrijecida por convenções e instituições, já não contribui mais à construção do sujeito, mas o fere e o desagrega".[14] Para simplificar – e sem adentrar em difíceis questões de teoria literária –, as histórias blixenianas não cortejam nem o sujeito moderno nem as estranhas vicissitudes de sua dissolução pós-moderna. Narrando uma unicidade em que transparece, por fim, um destino como traço de acontecimentos imprevisíveis, estes cortejam aquele "desejo de 'sentido', de fantasia, de *reencantamento*" que continua resistindo, como um segredo inconfessável, no obstinado desejo do leitor contemporâneo.[15]

Portanto, em especial por parte da crítica feminista, são bastante singulares as tentativas recentes de uma reapropriação dos textos blixenianos na ótica pós-moderna.

---

13 N. Fusini, *Nomi*, 1986, p. 25.
14 F. Moretti, *Opere mondo*, 1994, p. 184.
15 Ibid., p. 234 e 232.

À primeira vista, para dizer a verdade, a mesa parece farta demais. Não só porque a forma arcaica da narração oral, como acontece com Homero e Sherazade, nunca procede de forma linear, mas atravessa e reúne, interrompe e desvia, divaga e recua até sugerir uma estratégia narrativa que não se preocupa com o centro e valoriza o fragmento. Mas também porque o conhecido gesto da escritora dinamarquesa, de mudar seu nome várias vezes ao longo da vida, parece obviamente irresistível à teoria da subjetividade múltipla.

No contexto da crítica feminista, a história tomada como evidência do pós-modernismo blixeniano costuma ser "Os sonhadores". Ali, narra-se a história da cantora lírica Pellegrina Leoni, que, depois de perder a voz em um trágico acidente, se finge de morta para poder assumir muitas outras identidades. "De agora em diante, não quero mais ser uma única mulher", diz Pellegrina. "Quero ser muitas. Nunca mais desejarei ligar todo o meu coração e a minha vida a uma única mulher, para sofrer tanto."[16] Ela convida seu amigo, Marcus Cocoza, a fazer o mesmo. Também ele, que sempre foi apenas Marcus Cocoza, "tornara-se escravo e prisioneiro" de seu nome. "De agora em diante, você deve ser mais de um, várias pessoas, tantas quanto pode imaginar", diz-lhe Pellegrina. E acrescenta, maliciosamente: "Não é estranho que nenhum filósofo jamais tenha pensado nisso, e que uma ideia como essa tenha saído de mim?"

Na abordagem pós-moderna, sobretudo se for feminista, esta é, na verdade, uma proposta irrecusável.[17] Contudo, a progressão da história de Pellegrina deve atenuar o entusiasmo

---

16 K. Blixen, *Sette storie gotiche*, 1982, p. 332. [Ed. bras.: *Sete histórias góticas*, trad. Claudio Marcondes, São Paulo: SESI-SP, 2018.]

17 Cf. Susan Hardy Aiken, "Writing (in) Exile: Isak Dinesen and the Poetics of Displacement", in Mary Lynn Broe e Angela Ingram (orgs.), *Women's Writing in Exile*, Chapel Hill University of Carolina Press, 1989, p. 114-130.

inicial. Chegamos a saber, pela história de seus vários amantes, como Pellegrina personificou "muitas mulheres" – uma prostituta romana, uma suíça e uma dama sueca – a cada vez mudando seu nome, mas revelando uma personalidade subjacente comum que foi de fato reconhecida pelos amantes mediante a escuta recíproca casual de suas narrativas. A história de Pellegrina Leoni e de sua decisão de ser muitas mulheres também é narrada aos próprios amantes por Marcus Cocoza: o único que, como uma sombra silenciosa, a seguiu do início ao fim e presenciou todas as suas metamorfoses.

A narrativa de Marcus Cocoza se passa no leito onde, cercada por aqueles que a amam, Pellegrina está morrendo. E é de fato o instante da morte a revelar o significado da história. Em seu delírio, ela recupera sua primeira identidade e canta uma ária de ópera enquanto todo o seu corpo "vibra como a corda de um instrumento". "Pellegrina Leoni está de volta aos palcos!", exclama então Marcus, dirigindo-se a um público imaginário. E ela lhe faz eco: "Venham aqui, agora, todos!... Sou eu – eu, para sempre, agora."

Assim, a história se presta apenas superficialmente a uma leitura pós-moderna, arriscando-se até a sugerir uma leitura contrária. O conto, na verdade, narra como Pellegrina (a *mulher é móvel,* proclama, não por acaso, o melodrama!) pode "peregrinar" por muitas identidades, para fugir e esquecer aquela "primeira" que lhe causou enorme sofrimento. No entanto, a primeira identidade, a da cantora lírica, retorna por fim e fecha o ciclo das metamorfoses. Mas a primeira identidade também corresponde a um papel, uma vocação, um talento. Em outras palavras, a identidade, no léxico arendtiano, não nomeia o *quem* de Pellegrina, mas o seu *o que.* Quem é Pellegrina nos diz a história contada por Marcus Cocoza, a qual, ao se apropriar das narrativas dos amantes, por fim compõe a imagem de um destino único e irrepetível. Este resultou de escolhas intencionais e do acaso, da extraordinária decisão de ser mil mulheres e do desenrolar dos acontecimentos. Porém, as muitas mulheres que a heroína encarnou pertencem a apenas uma história: a história de Pellegrina.

De forma significativa, Hannah Arendt relê a "filosofia" de Karen Blixen através da história de Pellegrina. Como a cantora lírica, Karen Blixen, na verdade, sempre teve medo da armadilha da identidade profissional, ou seja, de identificar-se como escritora: "com a autora que tem sua identidade inelutavelmente confirmada em público."[18] Ela nunca quis ser escritora. Escrever histórias foi algo que lhe aconteceu na vida, porque ela precisava ganhar a vida e só sabia escrever e cozinhar. Em vez disso, ela gostava de ser uma *conteuse*, uma narradora interessada nas histórias e nas formas de contá-las.

Ser uma *conteuse* também é, obviamente, uma profissão, se não uma paixão. Proclamando-se uma contadora de histórias, Karen Blixen, portanto, corre mais uma vez o risco de cair na armadilha da identidade profissional, pois diz *o que é*, não *quem* é. Segundo Hannah Arendt, essa identidade – fundada em uma habilidade, um talento artístico, um dom – tem, contudo, um grande mérito: o de aderir ao mundo humano e ao seu espetáculo plural acolhendo o enredo narrativo que as vidas deixam para trás.

Com efeito, o mundo "está cheio de histórias, de acontecimentos e ocorrências e eventos estranhos, que só esperam ser contados".[19] Mais precisamente, conforme sugere Hannah Arendt de seu ponto de vista peculiar, o mundo está cheio de histórias porque está cheio de vidas: ser fiel à história "significa nada menos que: ser fiel à vida".[20] Não é apenas uma metáfora. Viver, no sentido de viver plenamente, do início ao fim – em

---

18 H. Arendt, "Isak Dinesen (1885-1962)", 1990, p. 162.
19 Idem.
20 Ibid., p. 163.

perfeita fidelidade à vida, assim como a boa narradora desvenda sua história do início ao fim em perfeita fidelidade à história – representa apenas uma face do teorema. A outra face é representada pela convicção de que é possível narrar, ou seja, reviver na imaginação e colocar em palavras, apenas "o que aconteceu de alguma maneira".[21] Para o obstinado realismo de Hannah Arendt, portanto, a arte blixeniana não consiste na invenção, na ficção, na veia fantástica que *cria* histórias. Antes de mais nada, consiste na capacidade de olhar o mundo como um cenário em que múltiplas vidas se entrelaçam, deixando para trás uma história.

Karen Blixen, é claro, coloca ali sua imaginação. No entanto, o lado mais precioso de sua arte consiste em respeitar aquele estatuto de dependências precisas entre vida, história e narrativa que, ao contrário, escapa ao senhor Clay. Para usar mais uma vez as palavras de Hannah Arendt, embora todas as vidas tenham como resultado uma história, uma vida nunca poderá resultar de uma história. A imagem da cegonha se forma com os passos do homem da lagoa, não os conduz. Planejar a própria vida como se fosse uma história, informá-la de uma ideia, vivê-la como um romance é apenas um erro do romântico titânico que a própria Karen Blixen, na juventude, foi forçada a experimentar como vão.

A unicidade do existente não precisa de uma forma que a projete e a contenha. Enraizada no fluxo incontrolável de uma exposição constitutiva, foi-lhe poupado tanto o hábito de pressupor-se quanto o vício de pressupor a vida dos outros. A imagem, a unidade do desenho, o perfil da cegonha, se é alcançado, é só depois. Como no sonho de uma fábula. Ou, talvez, como um desejo que você não confunde com um sonho.

---

21 Ibid., p. 162.

Este livro foi traduzido graças a uma contribuição
para tradução concedida pelo Ministério das Relações Exteriores
e da Cooperação Internacional da Itália.

*Questo libro è stato tradotto grazie a un sussidio
per la traduzione concesso dal Ministero degli Affari Esteri
e della Cooperazione Internazionale italiano.*

Este livro foi editado pela Bazar do Tempo na cidade de
São Sebastião do Rio de Janeiro, em janeiro de 2025.
Ele foi composto com as fontes Heldane e Exposure e impresso
em papel Pólen Bold 70 g/m² na gráfica Leograf.